KB218863

처음도 좋고, 중간도 좋고, 끝도 좋은

생활 속의
불교상담

安心立命 2

생활 속의 불교상담

2010년 11월 20일 1판 1쇄 발행
2011년 1월 10일 2판 1쇄 발행

지은이   권경희
펴낸이   김인현
펴낸곳   도서출판 도피안사

인쇄 및 제본   금강인쇄(주)
등록   2000년 8월 19일(제19-52호)
주소   경기도 안성시 죽산면 용설리 1178-1
전화   031-676-8700

서울사무소   서울시 송파구 잠실동 312-23 201호
전화   02-419-8704
팩스   02-336-8701
E-mail   dopiansa@kornet.net
홈페이지   www.dopiansa.com

ⓒ2010, 권경희

978-89-90223-57-9 03220

처음도 좋고, 중간도 좋고, 끝도 좋은

생활 속의 불교상담

권경희 지음

DOPIANSA
到彼岸社

불경을 통해 만난 상담가 부처님,
그리고 상담심리학

상담심리학을 전공하면서 많은 내담자를 만났다. 다들 스스로 감당해 내기에 힘든 경험과 고통 속에서 아파하고 있었다.

내담자들의 질곡을 대하면서 심리상담 이론과 기법만으로 돕기에는 벅차다는 생각이 들었다. 그래서 부처님은 이러한 난제를 어떻게 해결했는가 하고 부처님 법을 더 깊이 살피게 되었다. 특히 부처님의 가르침과 행적이 비교적 소상히 담긴 초기 경전에 관심을 갖게 되었고, 간경 수행을 한다는 마음으로 경전 공부를 했다.

초기 불경에서 만난 부처님은 위대한 상담가였다. 2천5백여 년 전의 부처님의 가르침과 현대 상담심리학이 어쩌면 이렇게 신통하게 맞아 떨어지는가 감탄하지 않을 수 없었다. 불경을 통해 상담심리학에 더 확신을 갖게 되었고, 상담심리학을 통해 불교를 더 깊이 이해하게 되었다.

8년 전에 『붓다의 상담-꽃향기를 훔치는 도둑』을 펴낸 이후 '부처님의 가르침과 심리상담'이 하나의 화두로 다가왔다. 두 세계의 연결을 통해 인간과 인간의 삶, 세상의 많은 문제와 고통을 조금이나마 덜어주고 해결하고 싶었다.

두 분야의 접목을 학술적인 측면에서 연구해 나가면서, 일상에서 응용할 수 있는 방법도 함께 발견할 수 있었다. 그동안 상담 현장에서 만난 많은 내담자, 이들의 고통과 사연을 부처님이 접하셨다면 어떻게 하셨을까를 경전을 통해 찾아본 것이 이 책의 주제다. 어려우면서도 오묘한 사람의 심리, 더욱 어렵고 심심미묘한 불교를 쉽게 이해하고 접근할 수 있도록 쓰기 위해 노력했다.

상담을 공부하는 사람들과 현실에 갈등하는 불자들, 그리고 심리적 어려움으로 고통받는 이들에게 자그마한 참고가 된다면 더할 기쁨이 없겠다.

원고를 쓰는데 격려와 편달을 아끼지 않으신 도피안사의 송암 지원 스님, 『붓다의 상담-꽃향기를 훔치는 도둑』에 이어 이 책의 편집까지 기꺼이 맡아준 이상옥 선생께 깊이 감사드린다.

불기 2554년 입동에 저자

차례

제1장
‖
나 좀 봐 주세요

받아 봐야 주는 걸 안다

대인관계를 잘 맺지 못해 상담실을 찾아온 대학생이 있었다. 친구가 없어 식당엘 가도 외톨이고, 수업을 들을 때도 혼자였다. 그룹 활동 시간이 있어서 누군가 자신에게 다가와도 쉽사리 친해지질 못했다. 잠시 가까이 지내다가도 본인이 먼저 그 친구를 멀리했다. 친구가 자기하고 잘 맞지 않는다는 게 이유였다.

그렇다고 해서 딱히 이상적인 친구상을 마음속에 두고 있는 것도 아니었다. 그냥 자신의 마음을 잘 알아주는 친구였으면 좋겠다는 게 바람이었다.

"나는 왜 이렇게 늘 외로운 건가요?"

그 대학생이 탄식하며 내뱉은 말이었다.

어떤 상담심리학자가 초등학생들을 대상으로 친구 사귀기 과정을 연구했다. 어른들의 세계에는 '가는 것이 있어야 오는 것이 있다'는 이론이 있고 '주고받기'란 순서가 있는데 반해, 아이들의 친구 사귀기 순서는 그와 반대였다. 연구 대상인 초등학생들은 친구를 사귈 때 '자신에게 필요한 것을 채워주는 것'을 전제 조건으로 삼았다. 자신이 먼저 받고 나서야 상대방이 필요로 하는 것을 나눠준다고 했다. '친구란 자신이 필요로 할 때 도와주는 사람, 자신이 힘들 때 함께 해주는 사람, 자신이 어려울 때 힘이 되어주는 사람'으로 인식하고 있었으며, 그것이 이루어지고 나서야 자신도 상대방에게 그런 역할을 해준다. 즉 어린이들에게 있어서 친구관계란 '주고받는 과정'이 아니라 '받고 주는 과정'인 것이다.

젖먹이 어린 아기도 이와 마찬가지다. 어린 아기가 대하는 유일한 대상은 어머니다. 요즘에는 어머니 대신 키워주는 사람이 그 초기 대상이 되기도 한다.

현대 정신분석의 한 부류인 대상관계이론에서는 어린 아기의 초기 유대관계를 중요하게 여긴다. 이때의 경험이 모든 성장 과정의 기초가 된다고 한다.

아주 초기에 유아는 어머니와 자기 자신이 완전히 하나라고 인식한다. 따라서 유아의 가장 초기 단계의 실존적 공식은 '어머니=나'다. 이를 바꾸어 말하면 '어머니의 사랑=나 스스로에 대한 사랑'이며 '어머니가 없다=내가 없다', '어머니의 사랑이 없다=나 스스로에 대한 사랑이 없다'는 것이다. 그러므로 지속적인 어머니의 부재는 아이에게는 자신의 부재감으로 느껴지며, 이런 부재감은 성장하면서 공허감으로 자리를 잡아 그 사람의 인생에 커다란 고통을 야기한다.

아기는 어머니의 젖만 먹고 자라는 것이 아니다. 사랑도 함께 받아야 건강하게 자란다. 그래서 인생의 초년기에 가장 중요한 것이 애착 형성이다. 사랑을 받아야 커서도 사랑을 줄 줄 알게 된다.

앞에 예로 든 대학생의 경우, 어린 시절 어머니가 직장생활을 하는 바람에 어머니 아닌 다른 사람이 키웠다. 할머니나 외할머니가 키울 형편이 못 돼, 육아 도우미의 손에서 자랐다. 그런데 도우미들이 수시로 그만두는 바람에 여러 사람의 손을 거쳤다.

게다가 당시 어머니와 아버지가 사이가 나빠 부부싸움이 잦았다. 부부싸움이 있는 날이면 어머니는 가방을 싸들고 친정집으로 갔다. 다음날 출근을 해야 하므로 우는 아이를 남편한테 밀쳐놓고 나가 버렸다.

이 대학생과 상담을 해 보니 어릴 적 이런 기억이 현재에까지 영향을 미치는 것 같았다. 이 학생은 어머니 또는 중요한 양육자의 지속적인 사랑을 받지 못한 것이 인생의 중요한 시기의 커다란 결함으로 남았다. 어머니가 직장에 나가더라도 다른 사람이 일관성 있게 사랑을 베풀었다면 이렇게 큰 상처로 남지 않았을 것이다. 키우는 사람들이 바뀔 때마다 아이는 버림 받은 느낌을 받았다. 게다가 어머니마저 아버지와 싸우고 집을 나가면서 아이를 자주 아버지한테 '버렸다'. 어머니는 남편과의 다툼으로 잠시 집을 나간 거라고 생각할지 모르나 아이로서는 버림받는 경험을 반복해서 겪었던 것이다.

그렇기 때문에 아이는 친구관계도 지속할 수가 없었다. 누군가가 자기 마음을 알아주길 바라면서도 관계를 지속하지 못하니 이루어지질 않았다. 정을 붙였다가는 또 다시 버림받을지도 모른다는 불안감이 엄습해 아예 정을 붙이기 전에 그 친구와 멀리 했다. 또한 정을 붙이기 전에 이쪽에서 먼저 거리를 두니 상대방 역시 마음을 알아줄 단계로 발전하지도 못했다. 게다가 이 학생의 마음 속에는 '나는 사랑받지 못할 사람'이라는 부정적인 자기 도식이 자리 잡고 있었다. 결국 이 대학생이 어린 시절에 겪었던 어머니의 부재감은 자신의 부재감으로 이어져 부정적 자기 이미지를 갖게 된 것이었다.

그런데 이 학생의 동생은 달랐다. 같은 부모 밑에서 자랐어도 자신감도 있고 대인관계도 좋았다. 이 학생은 지금도 부모님이 부부싸움을 하면 어머니가 집을 나가서 안 들어올까 봐 전전긍긍한다고 한다. 그런데 동생은 별 걱정 안 하고 제 할일을 한다는 것이었다. 동생은 어떻게 부모님 일에 그렇게 천하태평한지 모르겠다고 했다.

동생의 경우, 어머니가 키웠다고 한다. 아이 둘을 키우려니 아무래도 직장과 가정생활을 병행하기 힘들어 어머니가 아예 직장을 그만두었다고 한다. 어머니는 첫째 아이한테 베풀지 못했던 사랑과 정성을 둘째한테 쏟았고, 같은 형제이면서도 동생은 형과 달리 어머니의 사랑을 듬뿍 받고 자랐다. 그러니까 어머니가 설사 집을 나가더라도 행여 아버지와는 헤어질지언정 자신을 버리는 것은 아니라는 믿음이 있었고, 그렇게 믿는 구석이 있으니 매사 자신감이 있었던 것이다.

옛말에 '있는 집 곳간에서 인심난다'는 말이 있다. 이것은 심리적 재산에 있어서도 마찬가지다. 사랑도 받아봐야 주는 걸 안다.

아이들의 친구 사귀기 과정이 '받고 주는' 순서로 이루어지는 것처럼 사랑 역시 받아본 경험이 선행되어야 주는 것도 가능해진다. 그래서 예로부터 사위나 며느리를 볼 때 사돈될 집안의 내력을 따졌을 것이다. 인간의 심리적 성장 과정을 아는 사람이라면 그 집안이 얼마나 높은 지위를 가졌는가, 얼마나 재산을 가졌는가를 볼 것이 아니라 얼마나 사랑을 줄 줄 아는 가정인가를 먼저 살필 것이다.

부처님께서도 오늘날의 대상관계 이론을 아셨는가? 『대승본생심지관경』 보은품에서 다음과 같이 말씀하셨다.

"세상에서 어떤 법이 가장 부유한 것이고, 어떤 법이 가장 가난한 것입니까?"
"어머니 계실 때를 가장 부유한 것이라 하고, 안 계실 때를 가장 가난한 것이라 한다. 어머니 계실 때는 한낮이고, 안 계실 때는 저녁이다. 또 어머니 계실 때는 모든 것이 원만하나 안 계실 때는 공허하다."

꼭 어머니가 아니라도 괜찮다. 어떤 사람이든 지속적인 사랑과 일관적인 보살핌으로 아이의 존재를 소중하게 받아들이면, 아이는 공허감으로 괴로워하지 않고 원만한 인격체로 성장할 수 있다.

나 좀 봐 주세요

　예닐곱 살 때쯤이었다. 학생도 아니면서 여름방학이 오기를 손
꼽아 기다렸다. 방학이 되면 서울에서 고등학교를 다니는 삼촌이
내려오기 때문이었다. 삼촌에게 자랑스럽게 보여줄 것이 있었다.
삼촌이 지난 겨울방학에 와서 내준 숙제였다. 삼촌은 그때 줄넘기
를 사다 주면서 해보라고 하였다. 어린 몸이라 덜 발달해서 그런
지 줄넘기가 잘 되질 않았다. 몇 번 못하고는 발에 걸려서 쉬고
또 몇 번 못하고는 넘어지고 했다. 그러자 삼촌은 다음 방학에 내
려올 때까지 줄넘기 연습을 잘 해 놓으라고 하였다.
　이후 줄넘기 연습을 열심히 하였다. 반복해서 줄을 넘기며 폴짝
폴짝 뛰다 보니 처음보다 많이 나아졌다. 두어 달이 지나자 발에
걸리지 않게 백 번을 넘겨 뛸 수도 있었다. 그뿐만이 아니었다. 줄
을 앞으로 돌리며 뛰기, 뒤로 돌리며 뛰기는 물론이고 두 번 돌리
며 뛰기, 팔을 가위표로 모아서 뛰기, 발을 하나씩 교차하며 뛰기
등 줄넘기와 관련된 온갖 기술을 다 익혔다. 이렇게 실력을 갈고
닦아 놓고 나서는 삼촌한테 인정받을 날을 학수고대한 것이었다.

드디어 방학이 되자 삼촌이 신기한 서울 소식을 잔뜩 갖고 내려왔다. 울긋불긋한 컬러 표지의 공책도 사오고 새로운 놀잇감도 사왔다. 하지만 나는 그런 것에는 전혀 관심이 없었다. 그동안 쌓아 놓은 줄넘기 실력을 자랑할 순간만 기다렸다.

그런데 삼촌은 어쩐 일인지 줄넘기를 해보란 말을 하지 않았다. 며칠을 기다리다가 지쳐서 삼촌 앞에서 일부러 '줄넘기 묘기'를 부려 보기도 했지만 삼촌은 아무런 언급도 하지 않았다. 그렇다고 해서 숫기 없는 시골 아이인 나로서는 "이것 좀 봐주세요" 하고 청하지도 못했다. 그렇게 긴긴 방학 한 달이 안타까이 가버리고 말았다.

상담을 할 때 내담자에게 과제를 내주는 경우가 있다. 꿈을 적기도 하고 자동적 사고 기록지라는 것을 내주며 해당 사항을 적게 하기도 한다. 때로는 특정한 장소에 가서 특정한 경험을 하게 하기도 한다. 이렇게 과제를 내줄 때마다 어릴 적 줄넘기 숙제가 머릿속에 떠오른다. 삼촌이 숙제만 내주고 점검을 해주지 않아 야속했던 바로 그 기억이다.

상담을 할 때 과제를 내주고 점검하지 않으면 내담자 역시 어릴 적 나처럼 섭섭하게 느낄 것이다. 그와 함께 다음 과제를 수행하고자 하는 의욕이 없어질 것이며 따라서 상담에서 긍정적인 변화를 이끌어내는 데 장애가 될 수도 있다. 그러므로 과제를 내줄 때는 즉흥적으로 아이디어가 떠오르는 대로 내줄 것이 아니라 철저하게 계획을 세워야 한다. 또한 과제를 이행하면서 어떤 변화가 있는지 살펴보며 상담을 진행해 가야 한다.

실제 상담을 하다 보면 과제 내주기, 점검하기 둘 다 만만찮은 과업이다. 직접 수행하는 내담자 못지않게 상담자도 세심한 신경을 써가며 과제 진행 상황을 지켜보아야 한다.

이는 직장생활에서도 마찬가지다. 상사가 부하에게 과업을 주고 나서 체크하지 않으면 열심히 한 사람은 열심히 한 대로 섭섭해 하고, 열심히 하지 않는 사람은 열심히 안 해도 별 문제 없이 넘어가는구나 하고 만만히 여기게 된다. 그 다음부터는 상사의 지시가 먹히지 않고 위계도 서지 않게 된다. 그러므로 섣불리 과업을 내주어서도 안 되며 아무리 작은 과업이라도 일단 지시를 했으면 제대로 수행했는지 반드시 체크할 일이다. 이 점검이 바로 인간이라면 누구나 소망하는 '알아주고 인정해 주는 행위'이기 때문이다.

상담에서 과제를 내주었을 때 묘한 효과가 있는 것을 경험했다. 발표 불안이 있다는 대학원생 내담자였다. 상담을 해나가다 보니 발표 불안의 원인이 나왔다. 그것은 발표 준비를 안했기 때문이었다. 즉 불안증이 있어서 불안한 것이 아니라 불안할 만한 타당한 이유가 있었다. 발표 준비를 안 해놓고도 불안하지 않다면 그것이 더 문제일 것이다. 다시 더 들어가 보니 발표 준비를 못한 것은 시간이 없어서였다. 그래서 하루를 어떻게 보내는가 30분 단위의 일과표를 적어오게 했다.

일주일 치를 적어온 것을 보니 매일 비슷했다. 낮 12시쯤 일어나서 세면하고 아침 겸 점심을 먹은 다음 학교에 가서 수업 두어 시간 듣고, 나머지 시간엔 연구소에서 인터넷 채팅을 했다. 저녁이 되면 친구들과 저녁밥 먹으러 나가서 식사 후에 당구 몇 게임 치고 진 사람이 돈 내서 노래방 가서 놀다가 밤 12시쯤 하숙집에 들어갔다. 이후엔 하숙집 친구들과 심야 방송을 보고 새벽 3~4시쯤 잠드는 게 일과였다. 생산적인 일에 보내는 시간이 거의 없었다.

그런데 과제를 수행하면서 다음 상담에 오기까지 일주일 동안 이미 변화가 일어나 있었다. 비생산적인 생활이 좀 바뀌어 있었던 것이다. 우선 자는 시각이 일러지고, 일어나는 시각도 당겨졌다. 어떻게 해서 이런 변화가 왔느냐고 물어 보니 스스로 일과표를 작성하면서 부끄러웠기 때문이라고 했다. 과제란 완료할 때만이 아니라 수행하는 과정에서도 변화를 가져온다는 것을 알 수 있었다. 그런 바람직한 변화를 알아주고 촉진해주는 게 상담자와 직장 상사, 그리고 부모의 역할일 것이다.

부처님께서도 이런 역할을 훌륭히 해내셨다. 〈잡아함경 제38권 1067. 난타경(難陀經) ②〉에 다음과 같은 장면이 나온다.

부처님의 이모의 아들인 난타가 출가자답지 않게 물들이고 두드려 빛을 낸 옷을 입기 좋아하고, 좋은 발우를 가지고 희락질하며 익살부리기를 좋아하자 여러 비구가 그에 관해 부처님께 사뢰었다. 그러자 부처님께서 난타를 불러오라고 일렀다.

부처님께서 난타에게 물었다.

"너는 참으로 두드려 빛을 낸 옷 입기를 즐기고, 좋은 발우를 가지고 희락질하며 익살부리기를 좋아하는가?"

난타가 대답했다.

"실로 그러하나이다."

부처님께서 다시 말씀하셨다.

"너는 나의 이모의 아들로서 귀한 가문에서 출가했다. 그러므로 너
는 두드려 빛을 낸 좋은 옷을 입거나 좋은 발우를 가지거나 희락질하
며 익살부리기를 좋아하지 않아야 할 것이다. 너는 이렇게 생각하라.
'나는 부처님의 이모의 아들로서 귀한 가문에서 출가했다. 따라서 한
적한 곳에서 살고 걸식하며 누더기를 입어야 한다. 언제나 누더기를
입은 사람을 칭찬하고 산이나 늪에서 살면서 다섯 가지 향락을 돌아
보지 말아야 한다'고"

부처님의 당부를 들은 이후 난타는 누더기를 입고 살며 애욕을 돌
아보지 않았다. 그러자 부처님께서 게송으로 칭찬하셨다.

"난타여, 나는 이제야 보겠구나.
  너는 한적한 데 살기를 익히고
  집집으로 다니며 밥을 빌면서
  몸에는 누더기를 걸쳤구나…"

과제를 내준 후 이를 이행한 사촌동생이며 제자이며 오늘날의
내담자라고 할 수 있는 난타를 '알아주고 인정해 주시는' 부처님
의 따뜻한 목소리가 옆에서 들리는 듯하다.

버티기 한 판

애완동물을 기르는 모습을 보면 주인의 품성을 짐작할 수 있다고 한다. 이 말에 일리가 있다는 것을 어느 가정주부의 말을 듣고 알 수 있었다.

아들만 둘을 둔 30대의 가정주부였다. 아이들이 개를 기르자고 성화를 해대자 본인은 별로 내키지 않으면서도 강아지를 샀다. 물론 개 뒤치다꺼리는 아이들이 전담하기로 사전에 약속을 단단히 받아 두었다. 그러나 강아지가 막상 집에 들어오자 아이들은 예쁜 짓 할 때만 함께 놀아줄 뿐, 밥 주고 똥오줌 치우는 등의 성가신 일은 엄마 몫으로 넘겼다. 엄마는 사내애들이니 그렇지 뭐 하면서 강아지 돌보는 일을 떠맡았다. 몇 달이 지나자 강아지는 성견으로 자라났고, 밥 먹는 양도 대소변 양도 엄청 늘었다. 똥오줌도 제대로 못 가리는데다 소파나 책상 위로 넘나들기도 했다. 무엇보다 괴로운 건 식탁 위로 올라가 음식물에 입을 대는 것과, 집에 손님이 오면 낯을 안 가리고 와락 덤벼드는 것이었다. 아파트에서 시도 때도 없이 짖어대는 것도 큰 문제였다. 견디다 못한 주인은 개

키우기를 포기하고 아이들 몰래 다른 사람에게 주었다. 아이들은 엄마를 원망하며 몇날 며칠을 개를 찾으며 울어댔다.

이 가정의 속을 들여다보면 개의 버릇과 아이들 생활방식에 공통점이 있었다. 아이들 역시 개처럼 천방지축이어서 ADHD(주의력결핍과잉행동장애)라는 진단까지 나왔다. 뭔가 기분이 틀어지면 때와 장소를 가리지 않고 고집을 피우며 울어댔다. 처음엔 안 된다며 달래고 야단을 치던 엄마가 마침내 두 손을 든 다음에야 떼쓰기를 그만두었다. 가족끼리 놀이동산을 가도 기분 좋게 놀다 오는 날이 드물었다. 형이 롤러코스터를 타자고 하면 동생은 붐붐카를 타자고 우겼고, 동생이 햄버거를 먹자고 하면 형은 짜장면을 먹자며 동생을 쥐어박았다. 결국 달래다 못한 부모가 화를 내고 돌아서서 집으로 돌아오고 마는 일이 빈번했다.

개도 아이들도 어머니의 말을 안 듣게 된 이유가 뭘까? 엄마가 '버티기'를 제대로 못했기 때문이었다. 떼쓰는 아이와 양육자 사이에도 힘의 논리가 작용한다. 아이가 처음에 떼를 쓸 때는 안 된다고 했던 양육자가 아이가 좀 더 강하게 밀고 나가면 아이의 말을 들어준다. 다음번에 같은 강도로 떼를 써도 안 먹히면 아이는 좀 더 세게 나온다. 그러면 다시 양육자가 양보를 하게 된다. 이런 일이 반복되면 아이의 떼쓰기는 점점 강해지고 점점 고집이 센 아이가 되고 마는 것이다. 이를 심리학 용어로 '강화의 덫'이라고 한다.

이 덫에서 벗어나는 길은 무엇일까? 한 번 '안 된다'고 한 것은 끝까지 '안 된다'고 원칙을 지키는 것이다. 그래야 아이는 떼를 써봤자 소용없다는 것을 깨닫는다.

개 키우기도 마찬가지다. 개가 한 번 식탁에 올라갔을 때 "안 돼!" 했으면 다음번에도 단호하게 "안 돼!"를 외쳐야 한다. '어떠한 경우에도 식탁에 올라가는 것은 안 된다'는 것을 인식시켜야 한다. '버티기 한 판'의 승부란 이렇게 애완동물 훈련은 물론 아이 교육에도 중요하다.

부처님께서 비구들에게 계율 지키기를 강조하고 계법을 찬탄했다는 말을 들은 마하가섭 존자는 부처님의 계율 적용이 엄하다고 불만을 토로했다. 그러나 곧 후회하면서 부처님께 찾아와 잘못을 뉘우치며 아뢰었다. 그러자 부처님께서 말씀하셨다.

"설령 가섭이 상좌 비구라 할지라도 계를 배우려 하지 않고, 중히 여기지 않으며, 그 계를 제정하는 것을 찬탄하지 않는다면 내가 칭찬하지 않을 것이다. 왜냐하면 나로부터 칭찬을 받는 사람은 다른 사람들이 그를 가까이 하고 공경하고 존중하며 견해를 같이할 것이기 때문이다."

〈잡아함경 제30권 830.붕가사경(崩伽闍經)〉

부처님께서는 아무리 상좌 비구라도 지킬 것은 지켜야 한다고 강조하셨다. 또한 지킬 것을 지키지 않으면 칭찬하지 않으신다고 밝히셨다. 칭찬을 하면 다른 비구들이 그것이 옳은 줄 알고 따라 할 수 있기 때문에 예방하려는 것이다.

지킬 것은 반드시 지키는 것이 '버티기'의 밑힘이다.

가면을 써라, 제대로

어느 스님께서 이런 말씀을 했다.

"성직자는 위선자여야 한다."

듣는 순간 신선한 충격으로 다가왔다. 성직자가 겉으로만 착한 체 하는 위선자여야 한다고? 성직자란 모름지기 안팎이 일치하는 진실성을 갖추어야 한다는 고정관념을 깨는 말이었다. 그러나 되새길수록 이 말씀이 쉽게 나온 것이 아님을 알 수 있었다.

어렸을 때 학교 선생님들께서 '~답게' 철학을 강조해 가르쳤다. 학생은 학생답게 행동하고, 스승은 스승답게 살며, 부모는 부모답게 살아야 한다는 교훈이었다. 이 말씀이 각인되어 무언가가 되면 그것다운 사람이 되려고 노력하며 살아왔다. 학생시절엔 학생답게 공부를 열심히 하려고 했고, 국가의 녹을 먹을 땐 국가기관 직원답게 근무하려고 노력했다. 작가가 돼서는 작가답게, 그리고 상담가가 되면서는 상담가로서의 덕성과 전문성을 갖추기 위해 애를 썼다.

그런데 한 사람이 인생을 살아가면서 해야 할 역할이 한두 가지가 아니다. 그 역할마다 '~답게'의 내용도 달라진다. 부모나 자식, 형제의 일원으로서 가정에서의 위치, 직장 그리고 사회생활에서의 지위와 역할, 종교인으로서의 정체성 등 한 사람이 수십 가지의 '~답게'를 행하며 살아가야 한다. 그러니 '~답게' 산다는 게 말처럼 쉬운 일이 아니다.

이 '~답게'를 융의 분석심리학에서는 '페르소나(persona)'란 개념으로 설명한다. 페르소나란 그리스의 연극에서 배우들이 쓰던 가면을 말한다. 연극에서 배우가 왕의 가면을 쓰면 왕의 역할을 하고 신하의 가면을 쓰면 신하의 역할을 하듯이, 인간이 삶을 살아가면서도 여러 개의 가면을 썼다가 벗었다가 하면서 살고 있다는 뜻이다.

융은 이렇게 역할에 따라 가면을 쓰는 것, 즉 페르소나란 실상이 아니라 가상임을 지적한다. 우리가 지니고 있는 '나의 생각', '나의 신념', '나의 가치관', '나의 것'이라고 하는 것도 자세히 살펴보면 결코 자기의 생각이 아니라 남들의 생각, 남들이 심어준 가치관임도 함께 언급한다. 부처님께서 말씀하신 무아의 개념이 융의 심리학에서도 나타난다.

"엄밀히 말해서 '페르소나'는 참다운 것이 아니다. 개인과 사회가 '어떤 사람이 무엇으로 보이는 것'에 대해서 서로 타협하여 얻은 결과다. 사람은 어떤 이름을 받아들이고 칭호를 얻고, 지위라든가 이것 저것을 남에게 내보인다. 이것이 어떤 의미에서는 현실이기는 하나 그 사람의 개성에 비추어 보아서는 2차적인 현실, 그 사람보다는 다른 사람이 더 많이 참여한 타협 형성에 불과한 것이다.”

페르소나란 사회생활에서 필요한 수단일 뿐, 자아가 추구해야 할 궁극적인 목표는 아니라는 말이다. 따라서 의식과 무의식을 통틀어 그 사람 전체를 실현하는 ‘개성화’를 추구하는 융 심리학에서는 페르소나를 벗어버릴 것을 강조한다. 페르소나에 맹목적으로 동일시하게 되면 진정한 자기를 발견하기 어렵기 때문이다.

그러나 인간이 집단 속에서 생을 영위하는 이상, 가정과 사회를 통해서 페르소나를 형성하고 강화하는 것이 필수적이다. 벗어버리고 뛰어넘는 것은 형성된 다음의 일이다.

하지만 실제 우리네 생활을 살펴보면 페르소나를 제대로 갖추지 못한 경우가 많다. ‘~답게’가 제대로 안 되어 있다는 말이다. 어른이 어른답지 못하고, 공직자가 공직자답지 못하고, 종교인이 종교인답지 못하다. 그러면서도 마치 페르소나를 벗은 단계에 오른 양 무차별한 행동을 하는 사람도 있다. 심지어 높은 경지에 오른 수행승을 흉내 내어 ‘막행막식’을 하노라고 뻐기는 사람도 있다.

융 심리학에서는 페르소나가 한 번도 제대로 형성되지 않고 자라난 사람은 거의 외계와 관계 상실 상태에 빠지며, 그렇게 되면 무의식적인 여러 충동에 사로잡히게 된다고 한다. 또한 타인과 사회에 대하여 아무런 고려도 하지 않고 자기의 기분에 의해서 행동하는 완고하고 무자비한 인격을 나타내고, 도덕적인 혼란을 일으킨다고 한다.

이런 관점에서 보았을 때, 앞서 예로 든 어느 스님이 하신 “성직자는 위선자가 되어야 한다"는 말씀은 매우 의미심장하다. 성직자로서의 페르소나를 제대로 갖출 것을 강조한 것으로 해석된다.

페르소나란 '어떤 사람이 무엇으로 보이는 것'이며 여기에는 또한 '어떤 사람이 어떠할 것으로 기대되는 것'도 포함하고 있다. 따라서 성직자라는 페르소나에도 성직자란 어떤 사람이며 어떻게 살아야 한다는 역할과 의무와 기대가 들어 있다. 그러나 성직자가 명실공히 그에 걸맞는 역할과 의무와 기대를 다 충족시키기란 어렵다. 그러므로 앞서 말한 스님께서 '성직자란 겉만이라도 착한' 위선자가 되어야 한다고 말씀한 것 같다.

부부 문제를 상담할 때 이 생각을 적용한 적이 있다.

남편의 외도 때문에 고민하는 부인이 있었다. 남편이 바람을 피우는 게 뻔한데 아니라고 자꾸 속이려 한다는 것이었다. 바람피우는 것도 미운데, 속이려 하니까 더욱 얄밉다고 하였다. 그래서 내담자에게 말했다.

"남편께서 바람피우는 것을 숨기려 한다니 오히려 다행입니다. 가정을 지키겠다는 의지가 있다는 것 아니겠어요"

내놓고 바람피우는 남편보다는 숨기려 애쓰는 남편이 그나마 희망적이라는 의미였다. 이 말에 부인은 상당히 위로를 받은 듯 얼굴 표정이 밝아졌다.

바람을 피우면서 아니라고 하는 것은 분명 위선(僞善)이다. 그러나 이런 경우에는 위선을 부려 주는 것이 오히려 고마울 수도 있다. 외도를 숨기려고 한다는 것은 남편으로서, 아버지로서의 페르소나를 지키려 애쓰는 것이라고 볼 수 있다. 이 점을 인정해 주고, 거기서 가정 문제를 해결할 실마리를 찾고자 한 것이다.

외도를 하는 남편 가운데는 그야말로 내놓고 바람피우는 사람이 있다. 부인이 항의를 하면 배짱으로 버틴다.

"그래, 나 바람피우고 있어, 어쩔래?"

배우자가 이렇게 '위선'조차 내던져 버리고 나면 아무리 해도 문제를 해결할 수 없다. 내연의 관계를 인정하고 살아가거나, 정 못 참겠으면 이혼하는 수밖에 없다.

이런 관점에 대해 이의를 제기하는 사람도 있다. 그래도 자기 잘못을 솔직하게 인정하는 사람이 더 선한 것 아니냐는 것이다.

진실은 소중한 것이지만 어느 곳 어느 때에나 만능은 아니다. 때로는 상대방을 위해서, 또 때로는 역할 수행을 위해서 위선이 필요한 경우가 있다. 이 위선이 거짓으로라도 착한 척하다가〔僞善〕 진정으로 선을 추구하는 '위선(爲善)'으로 승화한다면 더할 나위 없을 것이다.

가면이라고 하는 단어가 언뜻 부정적인 느낌을 주긴 하지만, 이렇게 어떤 사회적 역할을 한다는 의미의 가면, 페르소나로서의 가면은 쓸 줄 알아야 한다. 대통령으로서, 국민으로서. 스승으로서, 제자로서. 어버이로서, 자식으로서. 스님으로서, 불자로서. 제대로!

가면조차 제대로 쓰지 못할 때 개인은 심리적 혼란에 빠지고, 사회는 역할 혼란에 빠져 서서히 붕괴되어 간다.

페르소나, 가면부터 제대로 쓴 다음에야 초월이든 초탈이든 하는 게 순서다.

삼천 배를 받고도 실눈 뜨는 부처님

어느 해 어린이날 놀이공원에 가서 안타까운 장면을 목격했다. 놀이기구를 타는 곳에 줄이 길게 늘어서 있었다. 맨 뒤에 선 사람은 한 시간 후에나 탈 수 있다고 하였다. 아이들은 지루해서 칭얼거리고, 어른들도 지쳐서 몸을 비비 꼬았다. 그때 줄 뒤쪽에서 웬 여자아이가 떼를 쓰며 울기 시작했다. 빨리 놀이기구를 타고 싶다는 것이었다.

아이 엄마는 온갖 수단을 다해 우는 딸을 달래느라 애를 썼다. 사람이 많으니까 기다려야 한다고 설명을 하기도 하고, 맛있는 것 사줄 테니 울지 말라고 하기도 하고, 야단을 치기도 하고, 때리는 시늉도 했다. 그래도 아이는 막무가내였다. 그렇지만 기다리는 수밖에 없었다. 앞에 선 사람들도 워낙 오래 기다린 터라 양보해 줄 만한 상황이 전혀 아니기 때문이었다.

한참 동안 울고불고 몸부림을 치던 아이는 제 풀에 지쳤는지 잠잠해졌다. 그러는 사이 한 시간여가 지나 줄의 길이가 많이 줄어들었다. 계산을 해보니 그때 놀이기구에 막 올라타고 있는 아이들의 순서가 지나면 다음번에는 아이의 차례가 될 것 같았다. 한 번에 20여 명이 타니 열 몇 번째에 서 있는 아이는 오랜 기다림 끝에 드디어 열망하던 놀이기구를 탈 수 있을 것이었다.

그때, 놀이 기구를 담당하는 안전 요원이 소리쳤다.

"여기 한 자리 있어요. 혼자 태워도 되는 분 있으면 태우세요"

그러자 아이의 엄마가 냉큼 나섰다.

"여기 있어요. 애 좀 태워 주세요"

줄 밖에 서서 보고 있던 나는 '아이쿠, 저런!' 하는 마음이 들었다. 엄마가 아이에게 교육을 시킬 수 있는 절호의 기회를 놓치고 만 것이 너무도 안타까웠다. 처음에 떼를 써서라도 순서를 안 지키고 놀이기구를 타려고 했던 아이였다. 그러나 아무리 떼를 써도 통하지 않는 일이 있다는 것을 이번에 배운 참이었다. 그런데 아이 엄마가 다음번까지 기다리지 못함으로써 아이가 가까스로 터득한 '기다려야 한다'는 현실 적응법을 무산시키고 만 것이었다. 아이가 아닌 아이 엄마가 다음 차례까지 참아주질 못한 것이었다.

인간은 생물학적으로 누구나 즉각적인 만족을 하고 싶어 한다. 이를 프로이트는 '본능'이라 했다. 이 본능은 쾌락의 원칙에 따라 움직인다. 자라면서 인간은 즉각적인 만족만이 능사가 아니라는 것을 배운다. 초자아가 작용하는 것이다. 더 큰 만족을 위해서 현재의 만족을 지연시킬 줄 아는 지혜도 갖춘다. 자아가 본능과 초자아 사이에서 현실 적응력을 키워가는 것이다. 이런 지혜를 터득하지 못한 사람들은 즉각적인 만족만을 추구하다가 마약이나 도박, 알코올 등에 중독되기도 하고 범죄를 저지르게도 된다.

현대사회를 살아가려면 특히 기다림을 배워야 한다. 거의 모든 일이 기다려야 이루어지기 때문이다. 즉 욕구를 즉각적으로 충족시키는 것이 아니라 때가 될 때까지 지연했다가 충족시킬 줄 알아야 현대사회에 적응할 수 있다. 만족 지연을 할 줄 아는 아이로 키우려면 부모부터 인내심이 있어야 한다. 놀이공원에서 목격한 아이가 그렇게 떼를 써서 즉각적인 만족을 취하려고 했던 데는 그동안 아이 엄마의 '숨은 공로'가 축적되었기 때문이었을 거라고 추측된다.

삼천 배를 해야 겨우 한쪽 눈을 반쯤 뜨고 쳐다보신다는 부처님의 깊은 뜻을 이런 측면에서 헤아려 본다.

장난도 업이 된다

서울가정법원에서는 협의이혼을 원하는 사람들에게 이혼 결정에 대해 좀 더 심사숙고하게끔 숙려기간을 부여하고 있다. 기본적인 숙려기간은 3개월이지만 가정폭력이나 해외 이주 등 급한 사정이 있는 부부는 상담을 받게 한 다음 그 기간을 단축해 준다. 따라서 가정법원 상담실에 상담을 하러 오는 부부는 이혼을 하루라도 빨리 하고 싶어 하는 사람들이 대부분이다. 그만큼 상담이 힘들고, 내담자 본인들도 불편해 한다.

이혼 상담을 하러 온 부부들 가운데는 함께 사는 것보다는 차라리 헤어져 각자의 삶을 사는 게 훨씬 나아보이는 경우가 많다. 배우자 가운데 한 사람이 돌이킬 수 없을 정도의 외도, 가정폭력, 도박이나 알코올 중독 등이 있는 경우다. 그러나 부부 사이에 뭔가 조금만 달라지면 함께 살아갈 수 있는 부부도 꽤 있다. 그런 부부를 만나면 온 정성을 기울여 상담을 한다.

이들이 들고 온 이혼 사유의 첫 번째가 의사소통이 안 된다는 것이다. 어떤 부부는 자기들은 도무지 대화가 안 된다고 하였다.

상담을 진행해 보니 그 말이 꼭 들어맞았다. 남편과 아내 둘 다 서로 상대방의 말은 안 듣고 어찌나 자기 말만 떠들어대던지 상담자의 머리가 지끈지끈 아플 정도였다. 한 사람이 말을 꺼내자마자 다른 사람이 "말도 안 되는 소리 하네" 하면서 자기주장을 폈고, 또 다른 사람은 상대방의 입을 틀어막으며 자기 말을 해댔다.

부부의 흥분이 가라앉을 즈음 간신히 상담자에게도 한 마디 할 기회가 생겼다.

"두 분이 대화가 안 통하시는 게 맞군요. 아무도 듣지 않으니 대화가 통할 리가요. 듣는 사람이 있어야 대화가 통하지요."

대화가 통하게 하는 방법을 알려 달라는 그 부부에게 이런 제안을 해보았다.

"법원에서 나가는 대로 약국에 들러서 마스크를 하나 사보세요. 그리고 두 분이서 이혼에 대해 진지하게 대화를 나누어 보세요. 한 사람이 말하는 동안 다른 사람은 마스크를 쓰고 일절 대꾸하지 않는 것을 약속하세요. 그 사람이 할 말 다했다고 할 때까지는 절대로 마스크를 벗지 말고 끝까지 들어주십시오. 이렇게 대화를 시도해 본 후 그래도 대화가 안 통해서 이혼을 해야겠으면 그때 다시 오세요."

두 사람은 멋쩍게 웃으면서 상담실을 나갔다. 협의이혼을 '보류' 하기로 하고 나가면서 마스크를 사기로 약속했다.

또 한 부부는 양상이 조금 달랐다. 남편은 직선적으로 할 말 다 하는 반면, 부인은 별로 말이 없는 편이었다. 이혼 사유에 대해서도 남편이 거의 다 말을 했다. 결혼한 지 1년도 안 됐는데, 이렇게 살 수는 없다는 것이었다. 자신과 대화를 하려 하지 않아 무슨 생각을 하는지, 무엇을 원하는지 도무지 알 수가 없고, 나중에 뒤통수치듯 그때 이렇게 하고 싶었다며 들이댈 때는 이제 그만 살자는 소리구나 하는 생각이 든다는 것이었다.

부인은 말없이 앉아서 눈물만 뚝뚝 흘렸다. 남편이 이혼을 거론했지만 부인도 동의했기에 협의이혼 상담실에 온 것이었다.

그런 부인이 한참 후에야 힘들게 입을 열었다. 남편이 결혼 초기부터 심한 말을 너무 많이 해서 상처가 깊어져 마음이 멀어졌다고 했다. 특히 화가 나면 부인과 처가에 대해 가슴에 못 박는 말을 많이 한다는 것이었다. 상담하는 중에도 남편은 무심결에 부인에게 상처 주는 말을 하곤 했다.

마침 남편이 불자(佛子)였다. 덕분에 불경에 나온 말씀을 전해 줄 수 있었다.

"부인이 무엇을 힘들어하는지 들으셨지요? 불경에 나오기를, '장난도 업이 된다'고 하였습니다."

이 한마디에 남편은 머리를 뭔가로 맞은 듯한 표정이 되었다.

〈잡보장경(雜寶藏經) 제9권 114. 늙은 비구가 네 가지 결과를 얻은 인연〉에 다음과 같은 이야기가 나온다.

옛날 어떤 젊은 비구들이 어떤 늙은 비구를 상대로 장난을 쳤다.

"우리는 도를 깨쳤습니다. 우리에게 좋은 음식을 주면 그것을 드리겠습니다."

늙은 비구는 이 말을 듣고 정성을 다해 음식을 대접하였다. 젊은 비구들은 음식을 먹고 늙은 비구를 손가락으로 어루만지면서 희롱하였다.

"집 한쪽 모퉁이에 앉으십시오 그 도를 드릴 테니 온 마음을 가다듬고 받으십시오"

이렇게 하며 머리를 가죽 공으로 쳤다. 지극한 마음으로 도를 구하고자 한 늙은 비구는 그 자리에서 도를 깨쳤다.

장난으로 한 것도 그 복이 헛되지 않다. 희롱조차도 진실한 갚음을 얻거든 하물며 지극한 마음이겠는가.

남편은 잠시 후 고개를 떨구며 말했다.

"제가 노력하겠습니다."

부부는 이혼을 보류하기로 하고 상담실 문을 나갔다.

달도 아니요, 손가락 끝도 아니요

이솝 우화에 이런 이야기가 나온다.

옛날 어떤 마을에 양을 치는 소년이 살고 있었다. 깊은 산중에서 홀로 양을 치던 소년은 나날이 무료하고 심심했다. 그래서 장난을 치기로 작정했다.

어느 날 소년은 마을로 급히 달려가며 소리쳤다.

"늑대가 나타났어요, 늑대가…"

마을 사람들은 놀라서 뛰어나와 몽둥이를 들고 소년이 양을 치는 곳으로 달려갔다. 그러나 거기에선 양들이 한가로이 풀을 뜯어 먹고 있었다.

"아까는 왔었는데 그냥 가버렸나 봐요"

양치기 소년은 터져 나오는 웃음을 참으며 천연덕스럽게 말했다.

며칠 후 소년은 또다시 장난기가 발동했다. 그래서 다시 한 번 마을 사람들을 놀리기로 마음먹었다.

"늑대가 또 나타났어요. 양을 물으려 해요"

그러자 마을 사람들은 다시 뛰쳐나와 소년을 뒤따랐다. 그러나 여전히 늑대의 자취는 간 곳이 없었다. 그제야 마을 사람들은 소년의 장난에 자신들이 두 번이나 속았다는 사실을 깨달았다. 마을 사람들은 소년을 꾸짖고 마을로 돌아갔다.

그로부터 며칠이 더 지난 후, 이번에는 진짜로 늑대가 나타나 양을 물기 시작했다. 소년은 다급하게 마을로 달려 내려가 도움을 청했다.

"늑대예요, 늑대! 늑대가 양을 물어요. 도와주세요."

그러나 두 번이나 속은 마을 사람들은 소년이 또 거짓말 한다는 생각에 소년의 외침을 들은 척하지 않았다. 그 때문에 소년은 양을 여러 마리 잃고 말았다.

우화에는 항상 교훈적인 말이 뒤따른다. 이 이야기의 뒤에는 으레 거짓말을 일삼으면 결국 손해를 보고 만다는 훈계가 적혀 있는 걸 보게 된다.

그러나 상담자로서 보면 관점이 달라진다. 소년이 무엇 때문에 세 번씩이나 거짓말을 하게 되었을까 하는 점이다.

첫 번째 거짓말은 할 수도 있다. 비록 거짓말이긴 해도 이는 소년이 마을 사람들과 의사소통을 한 것이다. 이때 소년은 무엇을 말하고 싶었을까? 말의 내용은 "늑대가 나타났어요"였지만 소년이 실제 하고 싶었던 말은 다른 것이었다.

"저 혼자서 양을 치려니 너무도 지루하고 심심하고 외로워요 제 이 마음을 좀 알아주세요."

이것이 소년의 절규 아니었을까?

그러나 마을 사람들은 그러한 소년의 마음은 아랑곳하지 않았다. 마음은커녕 소년에게 관심도 없었다. 늑대가 나타났다고 하자 그저 양들이 무사한가만 걱정했다. 또한 양들의 안전을 확인한 다음에는 그대로 돌아가 버리고 말았다.

만약 이때 누군가가 다음과 같은 반응을 보였다면 소년은 어땠을까?

"늑대가 나타났다니 얼마나 놀랐니?"

"너는 어디 다친 데 없니?"

"혼자서 양을 치려니 참 힘들겠구나."

소년은 미안해서라도 다음 거짓말을 '기획'하지 못했을 것이다. 더 현명한 어른이 있었다면 소년의 외로움과 지루함을 해소시킬 여러 가지 묘안을 강구해 주었을지도 모른다. 그러나 마을 사람들 가운데 어느 누구도 소년의 마음에는 집중하지 못했다. 이야기를 구성한 이솝마저도 미처 생각지 못했다.

여기서 교육자와 상담자의 차이점을 알 수 있다. 일반적으로 말해 가르침을 주어 바른 길로 이끄는 사람은 교육자고, 마음을 알아주어 자기 스스로 바른 길로 가게 도와주는 사람이 상담자다.

현실요법의 창시자인 글래써(Glasser)에 이어 현실요법을 좀 더 실제적으로 사용할 수 있도록 구체화시킨 우볼딩(Wubbolding)은 현실요법 진행절차의 첫 번째로 내담자의 '원함(want)' 탐색하기를 제시한다. 이 원함에는 내담자의 욕구, 지각 등이 포함된다.

양치기 소년의 사례에서 소년은 무엇을 원했을까? 전래되어 오는 이솝 우화 속에서 양치기 소년이 보고 싶어 한 것은 '동네 사람들이 놀라서 허둥지둥하는 꼴'이었다. 그러나 그것뿐이었을까? 그보다는 자신의 외롭고 힘든 마음을 알아주기를 원했을 것이라고 짐작된다. 이것이 양치기 소년이 갖고 있는 '진정 원하는 것(real want)'이다. 소년 자신도 스스로 그만큼 외롭고 힘들다는 것을 지각하지 못하고 있었을 뿐이다. 이럴 때 양치기 소년의 마음, 즉 진정으로 원하는 바를 제대로 알아주었다면 제2, 제3의 거짓말이 나오지 않았을 것이다.

내담자가 원하는 것을 찾는 작업은 매우 어렵다. 게다가 그 원하는 바의 밑바닥에 깔려 있는 진정으로 원하는 것을 찾는 것은 더욱 어렵다. 그러나 이 진정 원하는 것을 찾아야만 상담이 제대로 이루어진다.

아직까지도 마음에 걸리는 상담 사례가 하나 있다.

상담을 배우던 초기, 전화 상담을 하던 때의 일이었다. 하루는 20대 중반의 청년이 전화를 걸어왔다. 청년은 쑥스럽고 머뭇거리는 목소리로 간단하게 물었다.

"제가 한글을 몰라서 그러는데요, 나이 든 사람한테 한글 가르쳐주는 데 있으면 알려주세요"

청년이 요청하는 대로 한글 무료 교육처를 알아내서 전화번호를 알려주고는 상담을 마무리했다. 그러나 그때 한 상담이 여태껏 마음에 남는다. 청년이 상담을 통해 원하는 것은 한글 교육처였다. 겉으로 보아서는 그곳을 알려주면 상담은 별 무리 없이 마무리된 셈이었다. 그럼에도 마음에 남는 이유는, 청년이 진정 원하는 바를 찾아보지도 않고 상담을 끝낸 것이 아닌가 하는 자책감이었다. 원하는 정보를 알려주는 것만으로는 뭔가 미진했기 때문이었다.

"적지 않은 나이에 한글을 못 읽으니 얼마나 힘들겠어요, 살아가시면서 불편한 점은 없으셨어요?"

이런 식으로 대화를 이끌면서 그 청년과 마음을 나누었다면 이렇게 아쉽지 않았을 것이다. 단지 정보 제공만 했으니 일반적인 정보 제공처와 다를 바 무어 있겠나 하는 생각이 들곤 한다.

내담자가 '원하는 것'은 상담 내내 한 가지만 있는 것이 아니다. 상담이 진행되어 감에 따라 여러 가지가 나타난다. 상담 초기에는 자신의 마음을 알아주기를 원하는 경우가 많다. 어떤 문제가 있어서 그것을 해결하기보다는 그 문제를 겪고 있는 자신의 힘든 심정을 알아주기를 원한다. 그 마음을 알아주어야 그 다음에 문제 해결을 할 만한 힘을 얻는다.

선가(禪家)에 "달을 가리키면 달을 봐야지 손가락 끝은 왜 보나?" 하는 말이 있다. 여기에서 달이란 진리나 부처님이 말씀하신 법, 또는 목표가 될 수 있다. 그것을 가리키는 손가락 끝이란 진리 또는 목표에 이르게 하는 수단이나 방법을 일컫는다.

상담에서는 어디에 초점을 맞출까?

둘 다 아니다. 상담에서는 목표도 수단도 아닌 내담자의 마음에 초점을 맞춘다. 그렇게 했을 때 내담자가 원하는 것이 무엇이며 상담을 통해 어떻게 변화하고 성장해 나갈 수 있는가를 찾아낼 수 있다.

원함을 탐색할 때 특히 마음에 먼저 초점을 맞추고 찾아가는 것이 중요하다. 그래야 표면적인 원함은 물론 마음속 깊이 들어 있는, 어쩌면 내담자 자신도 의식하지 못하고 있는 '진정 원하는 것'을 찾아낼 수 있다.

제2장

‖

닥치는 대로 겪어라

바보 주리반특과 음악가 샬리에르

〈아마데우스〉란 영화가 있다. 천재 음악가 모차르트가 나온다. 주인공은 모차르트가 아니라 샬리에르다. 영화 속에서 샬리에르는 모차르트와 동시대를 살고 있는 사람이다. 모차르트처럼 작곡가이자 피아니스트다. 그는 성실한 노력파인데 비해 모차르트는 방종맞은 삶을 살아간다. 그럼에도 음악적 재능에서는 샬리에르가 모차르트를 따라가지 못한다. 아무리 노력해도 불가능하다. 샬리에르는 어쩔 수 없이 모차르트의 천재성을 인정할 수밖에 없다. 샬리에르는 절망하며 신을 향해 절규한다.

'신께서는 어찌 하여 저런 인간을 당신의 악기로 선택하셨나이까?'

영화를 보면서 다른 이의 천재성에 절망하고 시기심으로 몸을 떠는 샬리에르에 십분 공감했다. 작가로서 발을 들여놓은 나 역시 천재성에 목말라 했기 때문이다. 너무도 훌륭한 다른 사람의 작품을 읽을 때면 솔직히 끓어오르는 질투심을 부정할 수 없다. 거기에다가 슬며시 절망감이 밀려들면서 '내가 타고난 재주가 좀 더 많았다면 얼마나 좋았을까' 하고 자신도 모르는 사이에 하늘을 원망하는 마음이 생긴다. 나뿐만 아니라 많은 사람들이 샬리에르를 자신의 분신처럼 생각했을 것이다.

십여 년 전 부처님 오신 날 경기도 안성에 있는 사찰에 갔다. 그 사찰에서는 부처님 오신 날 행사로 피아니스트 임동창 씨의 피아노 연주회를 열었다. 그때 처음으로 임동창이란 존재를 알았다. 그의 연주는 독특했다. 여느 피아노 연주와 달랐다. 귀가 무딘 나로서도 그의 연주가 남다름을 금세 알아차릴 수 있었다. '저이는 정말 천재다' 하고 감탄했다.

어느 날 텔레비전에서 임동창 씨를 인터뷰하는 프로그램을 보게 되었다. 그때 자서전적인 고백을 하면서 그는 이렇게 말했다. 어려서부터 피아노를 좋아해서 열심히 연습을 했다고 한다. 그런데 청소년기의 어느 날, 연주가 너무도 안돼서 절망스러워 옥상에 올라가 벌렁 누워 하늘을 원망했다는 것이었다.

'천재도 절망을?'

천재라고 생각했던 사람이 능력의 한계를 느껴 절망을 하기도 했다니…. 놀라운 일이었다. 천재라면 천부적 소질이 있다는 말이다. 그렇다면 조금만 노력해도 저절로 이루어지는 줄 알았다. 그러나 천재도 손가락 끝이 닳도록 끊임없이 연습을 해야 하고, 그렇게 연습을 했어도 원하는 만큼 결과가 나오지 않아 절망을 하기도 했다는 말이었다.

그걸 보고 천재도 그냥 만들어지는 것이 아니라는 걸 알 수 있

었다. 천재로 태어났어도 살이 닳고 뼈가 깎이는 고통이 없으면
제대로 된 천재가 될 수 없다는 평범한 진리를 새삼 깨달았다.

부처님 제자 중에 주리반특이란 분이 있다. 자기 이름 석 자만 겨
우 외울 정도의 바보임에도 깨달음을 얻은 일화로 유명하다. 〈법화경
오백제자 수기품(受記品) 제8〉에 보면 부처님은 이 주리반특도 깨
달아 보명(普明)이라는 이름의 부처가 될 것이라고 수기를 내리신
다.

　　그때 부처님은 바보 주리반특을 제자로 삼았다.
　　부처님의 제자가 된 뒤에도 주리반특은 머리가 나빠 공부가 제대
로 되지 않았다. "수구섭의신막범(守口攝意身莫犯) 여시행자득도세(如
是行者得度世)." 곧 "쓸데없는 말을 하지 말고 착한 마음을 항상 가져
몸으로 죄를 짓지 말지니, 이같이 행하는 사람은 능히 세상을 제도할
수 있다"는 글귀를 3년이 지나도록 외우지 못했다.
　　주리반특은 열등감에 빠져 기원정사 담장 옆에 쭈그리고 앉아 한
탄했다.
　　"세상에 나같은 바보가 또 어디 있겠는가? 나는 짐승 같은 식충이
에 불과하다. 부처님 법은 내게는 천부당만부당한 것이다."
　　이 모습을 본 부처님이 자상하게 위로했다.
　　"걱정 마라. 주리반특이여, 자신이 어리석은 줄 아는 사람은 이미
어리석은 사람이 아니니라. 참으로 어리석은 자는 자신이 어리석다는
사실을 모르는 사람이다."
　　부처님은 주리반특에게 빗자루를 주며 말씀하셨다.

"이 빗자루로 기원정사 안팎을 깨끗이 쓸고 닦아라."

주리반특은 빗자루를 받아 기원정사를 쓸고 또 쓸었다. 그러던 어느 날 주리반특에게 문득 이런 생각이 들었다.

'부처님께서 내게 빗자루를 주신 것은 정사를 쓸라는 것이 아니라, 내 마음의 번뇌를 쓸라는 것이로구나.'

부처님의 뜻을 알아차린 주리반특은 마당을 쓸면서 마음의 티끌도 함께 쓸어냈다. 마침내 마음이 청정하고 맑아지면서 아라한이 되었다.

부처님은 주리반특이 아라한이 된 것을 아시고 찾아가 물으셨다.

"빗자루는 어떻게 했느냐?"

"제 마음의 먼지를 쓸어냈습니다."

"착하고 착하도다. 너는 기원정사를 쓸었으나, 실은 네 마음의 티끌을 쓸었느니라. 그것은 온 세상의 티끌을 쓸어낸 것이나 다름없느니라."

정신물리학에서는 감각 경험을 일으키는 최소한의 물리적 에너지 강도를 '절대역(絶代閾)'이라고 한다. 어떤 자극의 강도가 이 절대역 밑에 있으면 물리적 에너지가 존재한다고 하더라도 그것을 감각하지 못한다는 의미다. 예술가로서의 천재성도, 수행자로서의 깨달음도, 일상생활에서 무언가를 이룰 때도 바로 이 절대역에 이르러야만 비로소 발현되는 것이다.

샬리에르에 공감하는 우리, 지금 절대역에 이를 만큼 노력하지 않은 채 지레 절망하고 주저앉아 있는 것은 아닐까. 부처님께서 바보 제자 주리반특을 통해 오래 전에 이미 희망을 보여 주셨음에도

자신부터 챙겨라

마음씨 착한 남자가 있었다. 식당을 운영하는 그는 남몰래 선행을 하였다. 불우한 이웃을 위해 꾸준히 성금을 낸 것이었다. 어느 날 언론에서 이 사실을 알아 대서특필했다. 자신도 가난한 처지에 더 힘든 이웃을 위해 적지 않은 돈을 내는 그의 선행에 감동했기 때문이었다.

덕분에 유명세를 타자 그의 식당은 문전성시를 이루었다. 더 많은 돈을 벌게 된 그는 더 많은 돈을 성금으로 쾌척했다.

그럴 때마다 감동어린 기사를 써주던 언론이 어느 순간부터 그에게 관심을 두지 않았다. 그의 선행이 이제는 기사적 가치가 없기 때문이었다. 어느새 칭찬과 인기에 중독이 돼 버린 그는 언론과 주위의 관심을 끌기 위해 필사적으로 성금을 냈다. 여전히 아무도 예전처럼 관심을 가져 주지 않았다.

그러자 남자는 언론을 향해 마지막 한 방을 날렸다.

"실은 우리 아이들이 친자식이 아니다, 버려진 아이를 데려다 길렀다."

그렇게 기자회견을 하는 남편을 향해 그때까지 말 없던 부인이 한마디 했다.

"돈 갖다 주는 것 갖고 모자라 애들까지 팔아먹으려 해요?"

제목은 잊었지만, 어느 소설의 줄거리다.

사회생물학에서는 인간은 진화론에서 말하는 자연의 선택(natural selection) 중 최고 수준의 선택을 거듭하여 발전하였다고 본다. 영역을 지켜 먹이를 확보했고, 경쟁을 통해 우수한 자가 우수한 짝을 차지하여 우수한 자식을 갖게 됨으로써 이 세상에서 가장 번성하는 종이 되었다.

일부 생물, 특히 인간의 특성 가운데 주목할 만한 것이 이타주의(利他主義)다. 뜻만 보아서는 단지 '남을 이롭게 하는 것'이지만 실제로는 이를 통해 종족 내의 가장 높은 수준의 유전자 풀(pool)을 유지함으로써 종족 전체를 위한다. 결국 자신에게도 이롭게〔自利〕 돌아온다.

이타주의는 개인 차원이 아니라 유전자 차원의 이기주의의 표현이다. 즉 자연선택에 있어서 집단으로 살아남기 위한 방편이다. 이타주의를 가진 집단은 이기주의자로 구성된 집단보다 생존에 더 성공적이기 때문이다. 따라서 이타적 집단은 이기적 집단의 희생을 통해 번식하며 이타주의는 유전된다고 본다.

불교에서도 남을 위할〔利他〕 것을 강조한다. 초기불교에서는 보시(布施)·애어(愛語)·이행(利行)·동사(同事)의 사섭법(四攝法)을 통해 남을 위해 베풀라 했고, 대승불교에서는 보시(布施)·지계(持戒)·인욕(忍辱)·정진(精進)·선정(禪定)·반야(般若)의   육바라밀

(六波羅蜜)을 수행하라 했다.

그러나 남을 위하는 것만이 능사는 아니다. 사회생물학에서는 집단 내에서의 이타주의는 개인적으로는 손해가 큼을 지적하고 있고, 부처 님께서는 재물을 쓸 때 "스스로도 즐기고 남에게도 베풀라"고 하셨다.

　　지혜로운 사람은 많은 재물을 얻으면
　　능히 스스로 쓸 줄 알고
　　널리 보시해 공덕 지으며
　　친척과 또 권속에게 보시하며
　　보시하여야 할 곳을 따라 주는 것
　　마치 소가 그 떼를 거느림과 같으리.

　　남에게 주고 스스로도 쓸 줄 알고
　　받아야 할 바를 잃지 않으면
　　이치를 따라 목숨을 마치고는
　　천상에 나서 복락을 받으리라.

〈잡아함경 제46권 1232.간경(慳經)〉

부처님은 특히 수행에 있어서 자기 할 바를 제대로 챙겨야 함을 강조하셨다.

부처님께서 앞으로 석 달 안에 열반에 드시겠다고 대중에게 선언

하시자 많은 범부들은 크게 걱정하여 어쩔 줄을 몰랐다. 그들은 부처님 곁에 가까이 있어야만 좋으리라 생각하여 잠시도 부처님을 떠나려고 하지 않았다.

이때 앗따닷따라는 이름을 가진 비구는 부처님 곁에 얼씬도 하지 않은 채 구석진 자기 방에 남아서 수행에 몰두했다. 부처님께서 아직 세상에 머물러 계실 때 아라한이 되어야겠다고 결심했기 때문이었다. 그러나 다른 비구들은 그의 진심을 이해하지 못하고 그를 부처님께 데리고 가서 아뢰었다.

"부처님, 이 비구는 부처님을 존경하고 사랑하지 않습니다. 그는 그저 제 자신만을 아낄 뿐입니다."

그러자 앗따닷따 비구는 자기는 부처님께서 세상에 머물러 계실 때 아라한과를 성취하겠다고 굳게 결심하여 열심히 좌선 수행에 몰두하고 있는 것이라고 설명하였다. 이에 부처님께서 비구들에게 말씀하셨다.

"비구들이여, 누구든지 진실로 여래를 존경하고 사랑한다면 저 앗따닷따 비구처럼 행동해야 한다. 너희가 여래에게 존경을 표시하기 위해 꽃을 올리고 향을 사르면서 여래 곁에서 하루 종일 앉아서 여래만 바라보고 있는 것은 옳지 않다. 너희는 여래가 너희에게 가르친 법과 계율을 열심히 수행하여 마침내 세간을 뛰어넘는 도를 성취해야 하니, 그때에 이르러서야 참으로 여래를 존경하고 예배하였다고 할 수 있다."

그리고 부처님께서는 다음 게송을 읊으셨다.

크든 작든 간에 다른 이의 이익을 위한답시고
자기의 참다운 이익을 소홀히 하지 마라.

자기의 참다운 이익이 무엇인지 분명히 알았으면
최선의 노력으로 그것을 성취하라.

〈법구경 게송166. 앗따닷타 테라 이야기〉

이타도 중요하지만, 남을 위한다면서 자기나 가족은 소홀히 한다거나, 자기 수행을 뒷전으로 제쳐두는 것은 옳지 않다고 지적하셨다.

앞에 이야기한 소설 속의 주인공이 바로 그 잘못된 예다. 처음에는 소박하게 남을 위했지만, 나중에는 남을 위한다는 것이 허울 좋은 가식이요, 이름과 얼굴을 내기 위한 몸부림으로 전락했다.

현실을 살아가다 보니 남을 위하는 것은 둘째 치고, 남의 신세를 지지 않아도 되게끔 내 삶을 알뜰하게 살아가는 게 중요하다는 생각이 든다. 내 존재가 다른 이에게 폐가 되거나 스트레스가 되지 않도록 자신을 챙기는 것이 우선이다. 그래서 '이타자리(利他自利)'가 아니라 '자리이타(自利利他)'라고 했는가 보다.

닥치는 대로 겪어라

　전직 대통령이 자살하는 전무후무한 사건이 일어났다. 유명 연예인들의 자살로 그렇잖아도 심란한 국민들에게 전직 대통령의 자살은 그야말로 충격이었다.

　유명 연예인의 자살과 전직 대통령의 자살 소식으로 심란한 어느 날, 텔레비전에서 어느 회사의 특이한 사훈을 소개하는 것을 보았다.

　'닥치는 대로 살아라.'

　어찌 보면 아무 계획이나 준비 없이 되는 대로 무책임하게 살아가라는 것처럼 느껴지기도 하지만, 한 번 더 생각해 보면 요즘 같이 어떻게 돌아갈지 모르는 불확실성의 시대에 꼭 맞는 교훈인 것 같다.

　사실 요즘 세상은 어떤 일이 천천히 '다가오는' 게 아니라 갑자기 '닥쳐오는' 느낌이 든다. 특히 불행한 일일수록 더욱 갑자기, 한꺼번에 닥쳐오는 것 같다. 그만큼 충격이 심하고 스트레스가 크다.

서양 심리학자들은 사람들이 스트레스 또는 심리적 고통에 대처하는 양태를 크게 둘로 나누어 보았다. 도망치거나(Flee) 맞서 싸우는(Fight) 것이다.

힘든 일이 닥쳤을 때 도망칠 것인가, 싸울 것인가?

부처님의 십대제자 가운데 신통제일인 목건련 존자의 삶에서 그 답을 찾을 수 있다.

존자 목건련은 때가 되어서 가사를 입고 발우를 가지고 라열성에 들어가 걸식하려 하였다. 그때 지팡이를 짚고 다니는 바라문들이 멀리서 목건련이 오는 것을 보고 저희들끼리 수군거렸다.

"저 사람은 사문 구담의 제자 중에서 가장 뛰어난 사람이다. 우리들은 저 사람을 에워싸고 때려죽이자."

그들은 곧 목건련을 둘러싸고 저마다 기왓장과 돌로 죽도록 때려 쓰러지게 만든 뒤 그대로 버려둔 채 떠나갔다.

목건련은 온몸의 뼈와 살이 문드러져 고통을 이루 다 말할 수 없었다.

목건련은 곧 신통을 부려 정사로 돌아가 사리불을 찾아가서 한쪽에 앉아 사리불에게 말했다.

"저 지팡이를 짚고 다니는 바라문들이 나를 에워싸고 때려서 이렇게 뼈와 살이 모두 문드러졌습니다. 온몸의 고통을 실로 견딜 수 없습니다. 나는 이제 열반에 들고 싶어 당신에게 하직인사를 하러 왔습니다."

그때 사리불이 말하였다.

"당신은 세존의 제자들 중에서 신통이 제일이요 큰 위력이 있는데 왜 그 신통력으로 그 일을 피하지 않았습니까?"

목건련이 대답하였다.

"내가 본래 지은 업은 매우 깊고 무겁습니다. 그 과보를 받기 위해 끝내 피하지 않았습니다.…"

〈증일아함경 제18권 26.사의단품(四意斷品) 〔9〕〉

신통제일 목건련 존자는 자신에게 닥쳐올 불행을 피하거나 맞설 수 있는 능력이 충분히 있음에도 피하거나 맞서지 않았다. 그가 선택한 방법은 '겪는 것'이었다. 왜냐하면 그것이 자신의 업 때문임을 알았고, 자신이 지은 업에 대한 과보는 스스로 받는 것이 순리라고 판단했기 때문이었다. 죽을 줄 알면서도 피하지 않고 겪어 내는 목건련 존자의 용기 있는 삶이 참으로 존경스럽다.

최근 서양 심리학에서 불교를 받아들이면서 '겪기' 즉 자신의 삶에 대한 '수용'을 강조하고 있다. 특히 심리적 고통은 피하려고 애를 쓰면 쓸수록 더 커진다는 것을 발견하고, 자신에게 닥쳐온 것을 있는 그대로 받아들이고 겪고 수용함으로써 더욱 건강하게 성장할 수 있다고 한다. 이런 이론을 바탕으로 나온 심리치료법이 수용전념치료(ACT: Acceptance and Commitment Therapy)다. 이 수용전념치료는 세 단계로 이루어져 있다. 그 첫 단계는 '생각과 느낌 수용하기'로 그것이 무엇이든 간에, 이미 경험하고 있는 것이라면 모든 느낌을 있는 그대로 받아들이고 느끼는 것이다. 두 번째 단계는 '지향하는 가치를 선택하기'로 자신에게 진정으로 소중한 가치와 목표, 자신이 소망하는 삶을 발견하여 선택하는 것이다. 세 번째 단계는 '행동으로 실천하기'로 통제할 수 있는 것은 적극적으로 통제하고, 변화시킬 수 있는 것은 기꺼이 변화시켜 원하는 삶의 방향으로 한 걸음씩 나아가는 것이다.

이 모든 단계의 출발은 '겪는 것'이다. 닥쳐온 것을 피하거나 맞서지 않고 받아들이고 겪어 내는 것, 이것이 미래 또는 다음 삶을 위한 준비다.

앞서 예로 든 회사의 사훈 '닥치는 대로 살아라'를 불교식으로, 심리학적으로 좀 더 정확히 표현하면 이렇게 될 것이다. '닥치는 대로 겪어라.'

자살한 이들이 목건련 존자의 용기 있는 '겪음'을 알았더라면 자살이라는 극단적 방법을 선택하지 않았으리라. 목건련 존자의 통찰처럼 내게 닥쳐온 일에는 다 그럴 만한 이유〔業因〕가 있음을 겸허하게 받아들이고, 그것을 수용하고 겪어냄으로써 갚아나가는 〔果報〕 용기가 오늘날 더욱 절실히 필요한 것 같다.

이 어리석은 사람아

　청소년 시절, 영국의 전설적인 록 그룹 킹 크림슨의 '묘비명(Epitaph)'이란 노래를 즐겨 들었다. 비장한 곡목, 인생의 무게 전체를 실은 듯한 장중한 음률도 마음을 울렸지만, 무엇보다 가사가 처절하게 가슴에 다가왔다.

　Confusion will be my epitaph. 혼란이 내 묘비명이 될 거야.

　As I crawl a cracked and broken path 갈라지고 깨진 길을 기어가

　If we make it we can all sit back and laugh. 길을 다 가면 편히 앉아 웃을 수 있겠지.

　But I fear tomorrow I'll be crying. 하지만 난 두려워. 내일 울게 될까봐.

　Yes I fear tomorrow I'll be crying. 그래, 난 두려워. 내일 울게 될까봐.

　Yes I fear tomorrow I'll be crying 정말 두려워. 내일 울게 될까봐.

그때 이 노래를 들으며 그래도 40대를 기대했다. 공자님 말씀이 마흔이면 불혹이 된다는데, 그 나이가 되면 혼란(confusion)스럽지 않겠지 했다. 그때가 되면 내일 울게 될까봐, 미래에 후회하게 될까봐 두려워하지 않으며 자신감 있게 살 수 있겠지 했다.

오랜만에 지인을 만났다. 유난히 초췌해진 모습에 근황을 물었더니 20여 년 다닌 직장에서 부당한 일로 사우 몇 명과 함께 정직을 당했다고 했다.

"정직 당한 것보다 더 비참했던 것은 상대방의 부당한 권력 행사에 대항하지 못했다는 사실입니다."

그는 술잔을 기울이며 한탄했다. 그의 말을 들으며 속으로 이렇게 대답했다.

'부당하다는 게 확실하면 저는 대항할 용기는 있습니다. 그러나 무엇이 정당하고 무엇이 부당한지 혼란스러워 대항하지 못할 때가 많지요.'

실로 그렇다. 세상일이란 것이. 명백하게 정당하고 명확하게 부당한 일이란 거의 없다. 정당성이 어느 정도, 부당성이 어느 만큼, 애매함이 이만큼, 모호함이 저만큼 혼재되어 있다. 사람도 그렇고 사안도 그렇다.

어떤 경우에는 관련된 사람과 사안에 대한 정보나 근거 자료가 부족해서 그릇된 판단을 한다. 게다가 고의적으로 거짓 정보를 흘리거나 작정하고 사기 치러 접근하면 깜박 속아서 잘못된 결론을 내릴 수밖에 없게 된다.

시대에 따라 시절에 따라 가치와 정당성이 정반대로 뒤바뀌는 일도 있다. 한때 잡곡혼식과 산아제한이 애국이었지만 지금은 흰쌀밥과 다산(多産)이 최고의 나라사랑인 것처럼.

그뿐만이 아니다. 지금 당장은 정당하게 보이는 일도 며칠이 흐르면, 또는 몇 달, 몇 년이 지나고 나면 온당치 않거나 심지어 부당한 것으로 드러나기도 한다.

삶에서만 혼란이 있는 것이 아니다. 불교공부를 하면서도 혼란스럽다. 그래서 여기저기 공부하러 다닌다. 그러나 공부를 하면 할수록 모르는 것이 더 많다는 것을 알게 된다. 외려 다 알고 있다고 생각했던 기초적인 불교용어조차 단어의 문자적 뜻만 알고 있었을 뿐 그 글자 하나하나의 바른 뜻은 제대로 모르고 있었음을 다시 발견하곤 한다.

어느 때 부처님께서 사위국 승림급고독원에 계실 때였다. 차제라는 비구가 부처님의 설법을 잘못 듣고 이해하고 있어 다른 비구들이 꾸짖었다. 그래도 차제비구가 자신의 뜻을 굽히지 않자 다른 비구들이 부처님께 이 사실을 여쭈었다.

그러자 부처님께서 차제비구를 불러 물었다.

"너는 참으로 '나는 세존께서 〈지금의 이 식(識)은 저 세상에 가서 태어나더라도 달라지지 않는다〉라고 설법하신 것으로 안다'고 말하였느냐?"

차제 비구가 세존께 답해 아뢰었다.

"세존이시여, 저는 참으로 세존께서 그렇게 설법하신 것으로 알고 있습니다."

세존께서 물으셨다.

"어떤 것이 식(識)인가?"

"세존이시여, 식이란 말하고 깨달으며 스스로 짓고 남을 짓게 하며 일어나고 함께 일어나는 것으로서 여기저기서 선하고 악한 업을 지어 그 과보를 받는 것입니다."

세존께서 꾸짖어 말씀하셨다.

"차제 비구야, 너는 어떻게 내가 그렇게 설법하였다고 알고 있으며, 너는 누구한테서 내가 그렇게 설법하더라고 들었느냐? 너 이 어리석은 사람아, 나는 전혀 그런 말을 하지 않았는데, 너는 한결같이 그렇게 말하는구나. 이 어리석은 사람아, 다른 비구들이 꾸짖었을 때 너는 그때 마땅히 법대로 대답했어야 할 것이다. 저 어리석은 사람 차제 비구는 내 뜻을 거꾸로 받아 이해하고 있구나."

〈중아함경 201.차제경(嗏帝經)〉

불교 공부를 하면서, 하면 할수록 모르는 것이 늘어날 때마다 부처님의 꾸짖음이 귀에 들리는 듯하다.

"이 어리석은 사람아, 내 뜻을 거꾸로 받아 이해하고 있구나."

험난한 삶의 길을 엉금엉금 기어가듯 살아가면서도 마찬가지다.

"이 어리석은 사람아, 너는 세상도 사람도 잘못 보고 잘못 이해하고 있구나."

혼란은 불혹을 넘어서도 여전하다. 내일 울게 될까봐, 내일 후회하게 될까봐 두려워하는 마음이 청소년기보다 더 커진 것 같다.

"I knew if I stayed around long enough, something like this would happen.

(우물쭈물하다 내 이럴 줄 알았지.)"

영국의 극작가 버나드 쇼의 묘비에 쓰여 있는 글귀라고 한다. 혼란 속에 빠져 허우적대기만 하다가는 버나드 쇼처럼 자조하는 말을 최후로 남기게 될지도 모른다.

그래서 우리는 이 혼란의 와중에서도 나름대로 최선을 선택하며 살아갈 수밖에 없다. 인생의 순간순간을 '살아내야' 하니까. 비록 미래에 어떻게 판가름 날지 모르지만, 지금 이 순간 그리고 여기 이 자리에서 옳게 보이는 일을 선택하는 것이다. 적어도 비굴과 비겁으로 현재 옳지 않게 보이는 일을 선택하지는 않아야 할 것이다.

어렵기만 한 부처님 말씀 또한 현 깜냥대로 이해하고 받아 지니고, 성심을 기울여 그 뜻을 따르는 것이 바른 태도일 것이다. 이렇게 배우고, 이렇게 살아가야 혹 부처님이 "이 어리석은 사람아" 하고 꾸짖으시더라도 조금은 덜 부끄럽지 않을까.

'절대' 쓰지 마라

　　상담에는 세 가지 기본적인 구성 요소가 있다. 내담자와 상담자, 그리고 대화이다. 청진기도 주사도 약도 없이 사람의 마음을 진단하고 치료하는 것이 상담이다. 유일한 도구가 언어다. 따라서 언어에 민감해질 수밖에 없다.

　　상담을 하면서 내담자들이 즐겨 쓰는 말이 있는 걸 발견했다. "결코, 도저히, 아무도, 아무리, 절대, 전혀, 전연, 하나도" 등이 그 예다. "제 남편은 결코 바뀌지 않을 거예요", "저는 도저히 이해할 수 없어요" 이런 식이다. 이를 국문법 용어로 '부정극어(否定極語)'라고 한다. 주로 부정 요소하고만 어울려서 부정의 정도를 강화하거나 극대화하는 부사어로서, 부정 요소가 나타나지 않는 여느 문장에는 거의 쓰이지 않는다.

　　'웃는 얼굴에 복이 온다'고 했다. 말도 마찬가지다. 부정적인 표현을 많이 하게 되면, 부정적 사고를 하게 되고, 부정적 감정을 갖게 되면 결국 불행한 삶이 될 수밖에 없다. 이와 역순으로 삶이 불행하기 때문에 부정적인 감정을 갖게 되고 부정적 사고를 가져

마침내 부정적 표현을 하게 될 수도 있다.

원인이야 어찌 됐든 행복해지려면 부정의 악순환을 피해야 한다. 부정의 고리를 끊는 게 바로 상담이다. 비록 불행한 상황에 처해 있을지라도 말을 좀 더 긍정적으로, 희망적으로 하다 보면 훨씬 상황이 나아지거나, 마음만이라도 덜 불행해질 수 있다.

부정극어를 많이 쓰는 사람은 사고방식이 흑백논리인 경우가 많다. 뭔가 한 가지가 잘못 되면 세상 모든 게 잘못 된 거고, 그래서 결국 자기는 죽어야 한다고까지 비약시키기도 한다. 흑과 백 사이에는 무한한 농담(濃淡)의 회색이 있다는 걸 인식하지 못한다. 그렇다 보니 성공 아니면 실패, 삶 아니면 죽음 등의 양극단으로 갈라지게 되는 것이다.

이럴 때 상담자는 내담자가 자신의 일을 척도화하도록 이끈다.

"현재 OO님의 상황을 수치로 표현하면 어떻게 될까요? '당장 죽을 만큼 어렵다'를 100으로 놓고, '전혀 문제가 없다'를 0으로 놓는다면 말예요"

그러면 0 아니면 100이라는 흑백논리로 사고하던 내담자가 0과 100 사이에 무한한 숫자가 있음을 깨닫게 된다. 거기에 공간이 있고, 그것이 곧 희망으로 작용하게 된다. '죽을 만큼에 99.9로 가깝다' 하더라도 0.1의 여분이 있는 것이다. 이것이 바로 내담자가 살아나갈 힘으로 작용한다.

부처님께서는 늘 양극단을 피하고 중도를 취하라고 하셨다. 수행에서 쾌락과 고행의 양극단을 여의라는 말씀이다.

0과 100, 전부 아니면 전무의 양극단에서 고통스러워하는 내담자에게 자신의 좌표를 바로 찾도록 돕는 것이 상담자의 역할이다. 내담자가 부정극어를 덜 쓰게 하는 등 부정적 언어를 교정해 나가는 것이 중도로 접근시키는 첫걸음이 될 수 있다.

상담 장면에서뿐만 아니라 일상생활에서도 '절대, 도무지' 같은 부정극어는 '절대' 쓰지 않는 것이 좋다.

좋은 게 좋은 거다?

신도시 아파트에서 일어난 일이다. 여중 1년생의 엄마들이 용한 과외 선생을 섭외하여 과외 공부를 시켰다. 과외 선생은 명문대 출신의 남자로 외모도 깔끔하고 태도도 정중하니 나무랄 데가 없어 보였다. 과외 선생은 자신이 마련한 오피스텔 과외 방에서 전문적으로 공부를 가르쳤다.

얼마 후 함께 공부하는 학생 한 명이 자기 어머니에게 불평을 털어놓았다.

"엄마, 선생님은 ○○이만 좋아해. 걔만 남으라고 해서 공부를 더 가르쳐 줘. 선생님이 특별 지도해 줘서 그 애는 이번 중간고사에서 등수가 많이 올라갔어."

얘기를 들으면서 아이 엄마는 과외 선생이 정해진 시간 외에 특별지도를 해준다는 게 뭔가 이상했다. 그 애 엄마가 다른 엄마들 몰래 웃돈을 얹어 주나 하는 의심이 들었다.

"선생님이 걔 데리고 영화관도 가고 나이트클럽도 가고 그런대. 걔가 매일 자랑해. 걔가 요샌 화장도 해. 선생님만 나타나면 팔짱

끼면서 착 달라붙는데 얼마나 눈꼴사나운지 몰라."

아이가 흥분해서 말하는 내용을 들어보니 그 학생 엄마가 웃돈을 얹어 주어서가 아니라 선생이 그 학생을 편애하는 것 같았다.

"엄마, 과외 선생과 OO이가 사귀는 거 아닐까?"

순진한 여중생 딸이 호기심 어린 눈빛으로 묻자 어머니는 만감이 교차했다.

아이 얘기만 들어도 과외 선생의 행동이 의심스러웠다. 그 학생의 어머니한테 전화를 걸어 알려 줄까 하는 생각을 하다가 멈칫했다. 자기 아이가 그 선생한테 과외 지도를 받은 뒤로 성적이 부쩍 오른 것이 생각났기 때문이었다. 선생이 능력이 있긴 한 것 같았다. 괜히 거론했다가 그 학생 엄마한테 우리 아이를 어떻게 보느냐며 힐책을 당할 것 같았다. 과외 선생이 그 일로 기분이 틀어져 아이들 과외 지도를 더 이상 못하겠다고 하면 다른 학생들의 어머니도 괜한 분란 일으켰다고 핀잔할지 모른다는 생각도 들었다.

'에이, 좋은 게 좋은 거지.'

아이의 엄마는 못들은 것으로 하기로 마음먹었다.

'우리 애도 아닌데 뭐. 우리 애 성적 오르면 됐지 남의 애까지 걱정할 게 뭐 있어. 사실인지 아닌지도 모르고…. 설사 그런 일이 있다 해도 선생이 문제가 있는 게 아니라 그 집 애가 끼가 있어서 그런 거겠지.'

이렇게 합리화를 하며 아이에게 단단히 일렀다.

"그런 얘기 하는 게 아냐. 선생님이 그 애를 아껴서 그러는 거겠지. 너는 선생님한테 귀염도 못 받고 뭐하는 거니? 훌륭한 선생님을 괜히 흉보고 그러면 못써."

　몇 달 후, 딸아이의 방을 청소하던 아이 엄마는 기겁을 했다. 서랍 한 구석에서 사후 피임약을 발견한 것이었다. 하늘이 노랗고 땅이 꺼지는 것 같았다. 온몸이 부들부들 떨렸다.

　그러고 보니 요즘 아이의 행동이 수상했다. 여느 때보다 외모에 부쩍 신경을 쓰고, 과외가 끝나고도 한참을 더 있다가 왔다. 늦은 이유를 물어보면 친구가 고민이 있어 자살하고 싶다고 해서 달래주다가 늦었다고 했다. 친구 걱정을 해주는 딸을 대견하게만 생각했지 다른 일이 있으리라고는 상상도 하지 못했다.

　그날도 여느 때보다 늦게 들어온 아이를 유심히 보니 입술에 립스틱 자국이 있었다. 발랐다가 지웠는지 얼룩덜룩했다.

　아이 엄마는 평소보다 불룩한 책가방을 빼앗아 들었다. 가방 속엔 사복이 들어 있었다. 사복을 입고 화장까지 한 다음 어른들이 가는 장소를 다녀온 듯했다.

　"너, 어디 갔다 왔어?"

　이미 가방 속을 들킨 뒤라 그런지 아이는 거짓말을 둘러대지 못하고 겁에 질린 눈으로 엄마를 빤히 쳐다보기만 했다.

　"이거 뭐야? 네 서랍에 이게 왜 있어?"

　엄마가 사후 피임약을 들이대자 아이의 얼굴이 파랗게 질렸다. 한참을 추궁당한 뒤에야 아이는 사실을 털어놓았다.

　"선생님이 먹으라고 사줬어. 그거 먹어야 아무 일 안 생긴다고"

　아이가 말하는 선생님은 바로 그 과외 선생이었다. 그 선생이

딸에게도 마수를 뻗친 것이었다.

"뭐라고, 그 선생이? 그 선생은 ○○이랑 사귄다고 했잖아?"

"선생님은 이제 그 애 안 좋아해. 나만 좋아한다고 했어."

아이는 전투에서 승리한 전사마냥 의기양양해서 대답했다.

"선생님, 좋은 분이야. 나한테 얼마나 잘해 주는데. 엄마도 선생님이 훌륭한 분이라고 했잖아."

마음을 진정시키고 아이한테 한참을 캐물은 뒤에야 엄마는 그간 과외 선생과 학생들 사이에 일어난 일의 전말을 파악할 수 있었다. 아이의 말로 미루어 보아 과외 선생은 함께 공부하는 학생들 하나하나와 성적인 관계를 맺은 것 같았다. 아이들은 각자 선생이 자기만을 각별히 아껴서 하는 행위로 받아들이는 듯했다.

아이 엄마는 그제야 땅을 쳤다. 아이가 처음에 이상한 말을 할 때 제대로 짚고 넘어갈 걸 하는 후회였다. '좋은 게 좋은 것'이 아님을 절감했다.

사리불 존자가 사위국 급고독원에 머물고 있을 때, 부처님이 계신 왕사성 죽림정사에서 수행하고 온 비구를 만났다. 사리불은 부처님과 다른 비구들, 신도들의 안부를 물은 다음 자신의 속가 친구인 타연 바라문에 대해서도 안부를 물었다.

"현자여, 타연 바라문도 건강하고 편안하며, 부처님을 자주 뵙고 법을 듣고자 하던가?"

그러자 비구가 대답했다.

"타연 바라문은 몸은 건강하고 편안하나, 부처님을 뵈려고 하지 않고, 법 듣기를 즐겨하지도 않습니다. 그는 왕에게 붙어서는 다른 바라문과 거사들을 속이고, 바라문과 거사들에게 의지해서는 왕을 속이곤 합니다."

이 말을 들은 사리불은 훗날 타연 바라문과 만났을 때 음식 대접하는 것도 받지 않고 그의 잘못된 범행에 관해서 먼저 물었다. 그러자 타연 바라문이 변명했다.

"나는 세속에 있으면서 가업에 종사하고 있습니다. 부모와 처자식, 종들까지 보살펴야 합니다. 그러므로 법도대로 한결같이 따를 수가 없습니다."

사리불이 물었다.

"그대 생각에는 어떠한가? 만일 어떤 사람이 부모를 봉양하기 위해 나쁜 짓을 하고, 죽어 지옥에 태어났다고 하자. 옥졸들이 그를 잡아 벌줄 때 그가 옥졸을 향해 이렇게 말했다고 하자. '옥졸이여, 나를 괴롭히지 마라. 왜냐하면 나는 부모를 봉양하기 위해서 악을 행했기 때문이다.' 어떤가, 타연이여. 그 사람은 지옥의 고통을 벗어날 수 있겠는가?"

타연 바라문이 대답했다.

"아닙니다."

사리불은 여러 비유를 들어 질문한 다음 결론적으로 말했다.

"타연이여, 족성자는 법답고 업다우며 공덕답게 재물을 얻어, 존중하고 공경을 다하며 효도로써 부모를 섬기고, 복덕의 업을 행하여 악한 업을 짓지 않아야 한다. 그래야 사람들로부터 사랑받고 그들이 그대를 자랑스럽게 여길 것이다."

그제야 자신의 잘못을 깨우친 타연 바라문은 부처님께 귀의하여 우바새가 되고, 부처님을 자주 찾아뵙고 법문을 들었다.

　인용한 경전을 통해 알 수 있듯 사리불이 속가 친구에 관해 안부를 물었을 때 그 비구가 진실을 말해 주지 않았다면 사리불은 친구를 개심하게 할 생각을 못했을 것이다. 이것을 보면 부처님 시대의 사람들은 할 말을 바로 했던 것 같다. 잘못된 일이 있으면 부처님께 바로 고하는 경우도 경전에서 자주 눈에 띈다.

　그러나 요즘 우리는 '좋은 게 좋은 거다' 하면서 주변의 누군가가 옳지 않은 일을 해도 바로 시정해주지 않는 경우가 많다. 타인을 위해 그만큼 마음 쓰기가 귀찮고, 또한 연루돼서 번거로운 일이 생길까봐 꺼리는 마음 때문일 것이다. 나섰다가 불이익당하지 말고 몸 사렸다가 잠잠해지면 좋은 쪽으로 합류하자는 심정도 있을 수 있다.

　부처님 시대의 사람들이 할 말 바로 할 수 있었던 힘은 무엇일까? 그건 사심이 없었기 때문일 것이다. 여기서 사심은 사사로운 마음, 삿된 마음 둘 다 해당된다. 미워서 하는 말도, 내가 이익을 얻고자 하는 말도 아니니까 떳떳하게 했을 것이다. 거기에, 함께 잘 되었으면 하는 소망도 있었으리라 짐작할 수 있다.

　'좋은 게 좋은 거'라며 불의를 보고도 외면한 채 나만의 안일을 추구하면 언젠가 그 불의가 부메랑이 되어 내게 돌아올 수도 있다.

아니 온 듯 가시옵소서

 어느 상담전문가협회에서 실시한 교육에 수백 명이 모였다. 불교계에서도 많은 사람이 참가해 교육을 받았다. 대학의 공간을 빌려 교육을 실시하여 식사도 학교 구내식당을 이용했다.

 교육이 끝나던 날 주최 측의 사람이 말했다.

 "이번 교육생들은 참 모범적이라고 하더군요. 특히 구내식당 관계자들이 무척 좋아해요. 남긴 음식물이 예전에 비해 훨씬 적다는 거예요."

 그 말을 들으며 빙긋 웃었다. 이유를 알 수 있었기 때문이었다.

 "아마 불교 신자들이 많이 참가해서 그럴 겁니다."

 타종교 신자인 그 사람은 의아한 눈으로 쳐다보았다. 종교와 남은 음식물이 무슨 관계가 있는가 싶은 표정이었다.

 "불자들은 발우공양에 익숙하거든요."

 이렇게 대답하고는 내가 처음 발우공양을 경험했던 때의 이야기를 해주었다.

단체로 사찰 수련대회에 갔다가 처음 발우공양을 했다. 그 사찰 스님들께서 직접 교육을 겸해 실시해 주었다. 참가 대중을 두 조로 나눈 다음 음식을 나누어 주었다. 다 먹고 난 다음에는 조별로 발우 헹군 물을 한 통에 모았다. 그러고는 두 통 가운데 건더기가 조금 더 많이 있는 통의 조에 속한 사람들에게 그 통 속의 물을 나누어 마시게 했다. 남김없이 깨끗하게 먹어야 하는 발우공양이 제대로 되지 않은 데 대한 벌칙이었다.

말을 듣고 난 그 사람은 왜 그렇게까지 음식물을 깨끗이 먹어야 하느냐고 물었다. 그래서 그때 들은 이야기를 전해 주었다.

"불교에서는 전생에 악업을 짓고 탐욕을 부리면 아귀로 태어나 항상 배고픔에 시달린다고 합니다. 이 아귀는 몸은 태산 만한데, 목구멍은 바늘구멍 만하대요. 그러니까 항상 배가 고픈데, 먹을 수 있는 거라고는 스님들이 공양하고 나서 그릇 씻은 물이랍니다. 그 물에 남은 건더기가 너무 크면 바늘구멍 만한 아귀의 목에 걸리겠지요? 그렇다면 아귀가 고통을 받을 거고요"

여기까지 얘기하자 그는 감탄하며 고개를 끄덕였다.

"아, 그래서 그렇게 음식을 남김없이 깨끗이 먹는군요"

그러면서 그는 모든 사람이 불교에서 발우공양을 하듯 식사를 하면 음식으로 인한 환경 공해가 많이 줄어들 것이라고 말했다.

그의 말에 맞장구를 치면서 우리나라를 방문한 세계적인 환경 운동가 제인 구달에 대해서 이야기해 주었다. "마구 먹고 버리는 인간의 욕심으로 지구와 동물들이 신음하고 있다"고 걱정해 오고 있는 제인 구달이 절에서 발우공양을 체험하고 나서 발우공양이야말로 '밥상이 변해야 지구도 사람도 산다'는 그의 음식문화 운동과 일맥상통한다고 말했다는 내용이었다. 그리고 제인 구달이 "적게 먹고, 음식을 남기지 말아 자연과 환경을 보존해야 한다", "고기는 최대한 덜 먹자"고 주장하고 있는데, 사실 불교인들은 대부분 이미 그런 식습관이 되어 있다고 자랑을 했다.

불교계에서는 발우공양의 정신을 널리 알리면서 '빈 그릇 운동'을 적극적으로 펼치며 '환경 보살'이 되자는 캠페인도 함께 벌이고 있다. 음식을 남기면 에너지 낭비와 경제적 손실이 얼마나 크며, 수질과 토양이 얼마나 오염되는지를 알리면서 경각심을 높이고 있다. 따라서 음식을 남기지 않는 소박한 실천이야말로 지구를 살리고 미래 세대의 건강한 삶을 보장하는 초석이 되고 있음을 강조한다.

이러한 움직임을 보면서 1990년대 중반 미국에 처음 갔을 때의 기억이 되살아났다. 그때 미국 슈퍼마켓에 진열된 상품을 보고 무척 놀랐다. 일회용품이 많았기 때문이었다. 특히 전자레인지에 넣고 돌리기만 하면 되는 인스턴트식품이 매우 많았다. 더욱 놀라운 것은 그렇게 즉석요리를 하기 위해 음식물을 담은 용기를 단 한 번만 쓰고는 폐기한다는 사실이었다. 미국이란 커다란 나라가 이렇게 많은 물질을 이렇게 풍족하게 쓰고 또한 이렇게 많이도 버리고 있구나 하고 생각하니 아찔했다.

그런데 현재 우리나라가 당시의 미국과 비슷해졌다. 일회용품이 넘쳐나고 있고, 단 한 번만 사용하고 버리는 물품이 부지기수가 되어 버렸다. 그러니 제인 구달 같은 환경 운동가가 아니라도 지구의 앞날이, 인류의 미래가 걱정되지 않을 수 없다.

현대 생활에서는 한 인간이 왔다가 간 흔적이 너무도 짙게 남는다. 너무 많이 먹고 너무 많이 쓰기 때문이다. 그렇게 먹고 쓰다보니 온갖 쓰레기와 폐기물이 지구를 뒤덮게 되었다. 당장 현세를사는 사람들은 배부르고 편할지 모르지만, 지구와 미래의 우리 후손들이 그 후유증을 앓게 될 것은 자명한 일이다.

발우공양을 할 때 불자들은 매우 경건한 마음으로 음식을 대한다. 물 한 모금을 마시면서도 그 안에 살고 있을지 모를 미생물을염려하며, 밥 한 그릇을 먹으면서도 그 한 그릇을 짓기 위해 수고한 모든 이의 노고를 되새기며 깨달음의 의지를 다진다.

오관일적수 팔만사천충 약불염차주 여식중생육
吾觀一滴水 八萬四千蟲 若不念此呪 如食衆生肉
'옴 살바나유타 발다나야 반다반다 사바하'

내가 물 한 방울을 여실히 관해 보니, 팔만사천 마리의 벌레가 있구나.
만약에 이 주문을 외우지 않으면, 중생의 고기를 먹는 것과 같구나.
〈정식게(淨食偈)〉

계공다소량피래처 촌기덕행전결응공
計功多小量彼來處 忖己德行全缺應供
방심리과탐등위종 정사량약위료형고

72

防心離過貪等爲宗　正思良藥爲療形枯

위성도업응수차식

爲成道業應受此食

이 음식이 어디서 왔는가, 내 덕행으로 받기가 부끄럽네.
마음의 온갖 욕심 버리고 육신을 지탱하는 약으로 알아
깨달음을 이루고자 이 공양을 받습니다.

〈오관게(五觀偈)〉

　어느 불교 단체에 찾아갔다가 화장실에 들렀더니 '아니 온 듯 가시옵소서' 하는 문구가 적혀 있었다. 화장실을 깨끗이 사용하라는 말을 멋지게 표현해 놓은 것이었다.

　이 문구를 보면서 화장실뿐만 아니라 한 인간이 이 세상에 왔다가 가는 데도 적합한 말이란 생각이 들었다. 아무런 흔적 남기지 않고 오지 않은 듯 깨끗하게 사라져 주는 것, 이것이 후손을 위한 최대의 배려가 아닐까 싶다. 그러려면 발우공양부터 실천하는 게 우선일 것이다.

제3장

‖

처음도 좋고 중간도 좋고 끝도 좋고

만나면 기분 좋은 사람

오래 전에 지하철 안에서 목격한 일이다. 친구로 보이는 중년 여인 셋이 대화를 나누고 있었다.

"내가 너희들 만나러 오다가 죽을 뻔했어."

목소리가 커서 조금 떨어져 서 있던 내 귀에도 말하는 내용이 모두 들렸다.

"지하철 플랫폼에 서 있는데 누가 뒤에서 툭 치는 거 있지. 그 바람에 몸의 균형을 잃었지 뭐야. 몸이 기우뚱하다가 철로로 떨어져 버렸어."

"어머, 어머. 그래서 어떻게 됐어?"

안경 쓴 여인의 말에 두 친구가 놀라서 물었다.

"일어나서 플랫폼으로 올라가려고 하는데 지하철이 곧 들어온다는 안내 방송이 나오는 거야."

나도 그 여인의 친구들 못지않게 호기심이 당겨 귀를 쫑긋하며 다음 말을 기다렸다. 그때 일행 가운데 몸이 좀 뚱뚱한 여인이 창밖을 가리켰다. 마침 지하철이 다음 역에 도착하고 있었다.

"저 광고에 나오는 저 탤런트 이름이 뭐지? 쟤가 재벌 유부남하고 사귄다며?"

"나도 그 소문 들었어. 생긴 건 얌전하게 생겨 가지고 부뚜막에 먼저 올라가네."

"그건 그렇고, 네 남편은 그 여자하고 헤어졌니?"

"몰라, 헤어진단 말은 했는데 그 인간 믿을 수가 있어야지. 어머, 그 반지 언제 샀니? 못 보던 건데? 비싸겠다."

플랫폼에서 떨어진 여인의 말은 나머지 두 친구의 딴 얘기에 묻혀 버리고 말았다. 거기에서 포기할 수 없었는지 플랫폼에서 떨어진 여인이 두 친구 사이에 다시 끼어들었다.

"지하철이 들어온다는 안내 방송이 나오면서 말이야, 지하철 오는 소리가 나는 거 있지? 플랫폼에선 사람들이 얼른 올라오라고 소리를 지르는데, 기차는 다가오고…. 정신이 하나도 없더라고"

대화가 본줄기로 돌아가자 나는 다시 귀를 기울였다. 그야말로 위기일발의 상황이었다. 여인이 어떻게 그 위기를 모면해 이 자리까지 오게 되었는가 무척 궁금했다. 그러나 친구들은 대화의 방향을 다시 바꾸어 버렸다.

"이 반지, 남편이 사주더라. 요즘 나한테 잘 보일 일이 있거든. 시동생이 올라와 있어서 말야."

세 여인의 대화는 중구난방, 동서남북으로 튀었다. 그 사이에 목적지에 도착하는 바람에 결국 플랫폼에서 떨어진 여인이 어떻게 목숨을 구했는지 결말을 듣지 못하고 말았다.

이런 대화 장면을 곳곳에서 볼 수 있다. 서로 말은 나누고 있지만 대화라기보다는 오히려 독백에 가깝다. 듣는 사람은 없고 말하는 사람만 있으니까. 그래서 '바람직한 대화법', '의사소통 기술' 등이 인기를 끌고 있는 듯하다.

전문가들이 제시하는 대화를 잘하는 방법은 대체로 다음과 같이 요약할 수 있다.

첫째는 '듣기'다. 상대방이 말하는 것을 잘 들어주는 것이다. 말하는 사람 쪽으로 몸을 기울이고, 시선을 마주치고, 때로 고개를 끄덕이거나 "응, 예"로 응답하면서 잘 듣고 있음을 표현한다.

둘째는 '정보 요청하기'다. 들으면서 잘 모르는 부분이 있으면 간단하게 그에 대해서 물어본다. 이때 대화의 주도권은 듣는 쪽에서 가져오지 않도록 조심해야 한다.

셋째는 '요약하기'다. 상대방의 말을 잘 듣고 나서 그 내용을 정리해서 요약한다. 자신이 파악한 것이 맞는가 확인하는 단계이기도 하다.

넷째는 상대방의 말에 대해 자신의 의견을 말하는 단계다. 즉 앞의 세 단계를 거치면서 상대의 말을 다 듣고 난 다음에야 자신이 말할 기회를 갖는 것이다.

반드시 이 순서를 지켜야 하는 것은 아니지만, 대화의 단계란 대체로 이런 과정을 거친다. 그래야 순조롭게 대화가 이루어진다. 앞에서 예를 든 세 여인의 대화는 첫 번째인 '듣기'부터가 안 돼 있다. 듣기는 하지 않고 서로 말만 쏟아내는 분위기였다.

다음은 외국의 잡지에 나온 예화다.

"마이클, 그 사람은 참 좋은 사람이야."
어떤 사람이 파티에 다녀와서 마이클에 대해 칭찬을 아끼지 않았
다. 인품이 훌륭한데다가 화술도 좋아 그와 대화를 하고 나면 기분이
좋아진다고 하였다.
애기를 전해들은 사람이 나중에 마이클을 만나 물었다.
"자네가 그렇게 화술이 좋다고 칭찬을 하던데, 어떻게 대화를 하기
에 그런 칭찬을 듣는가?"
마이클이 대답했다.
"하하, 난 그 사람한테 말한 건 별로 없어. 다만 그 사람이 말할 때
'으흠, 아하' 하고 맞장구쳐 준 것밖에 없지."

대화의 첫 번째 순서인 '듣기'만 잘 해도 대화가 잘 이루어지는
실례다. 대화할 때 '말 잘하기'보다 '듣기 잘하기'에 주력을 기울
이는 것이 대화 잘 하는 비법이다.
내게도 이런 친구가 있다. 그는 내가 말을 할 때면 한눈팔지 않
고 눈을 반짝이며 들어준다. 이렇다 저렇다 토를 달지 않고 말하
는 것을 받아준다. 이것이 아마도 심리 상담에서 말하는 '무조건
적 수용'이리라. 내가 기뻐하면 기쁜 대로 알아주고, 슬퍼하면 슬
픈 걸 알아준다. 내 심정을 제대로 알아준다는 기분이 든다. 이것
이 이른바 '공감적 이해'이리라.
그와 함께 이야기를 하고 나면 참으로 기분이 좋다. 한 사람의
존재로서 소중하게 인정받는 느낌이 들고, 나를 온전히 받아들여

주는 듯한 느낌이 든다. 세상의 큰 의지처를 만난 듯한 안도감에 뒤가 든든해지는 기분도 든다. 내게 큰 교훈을 주어서도 아니고, 문제에 대해 그럴 듯한 해결책을 주어서도 아니다. 그냥 잘 들어 주는 그 자체가 가져오는 효과다.

부처님께서도 잘 듣기의 명수였다. 상대방의 말에 귀를 열심히 기울일 뿐만 아니라 부처님 스스로 그 말을 잘 알아들었는지 확인을 하시곤 했다.

> 그때에 어떤 비구는 부처님께 나아가 부처님 발에 머리를 조아리고 물러나 한쪽에 서서 여쭈었다.
> "장하십니다, 세존이시여. 이제 저를 위해 간략히 법을 말씀해 주소서. 저는 그 법을 들은 뒤에는…."
> 세존께서는 그 비구에게 말씀하셨다.
> "착하고 착하다! 비구여, 너는 즐거운 마음으로 '마땅히 저를 위해 간략히 법을 설하여 주소서. 저는 그 법을 들은 뒤에는…' 하고 말하였는가?"
> "그러하나이다, 세존이시여."…
>
> 〈잡아함경, 제1권 15.사경(使經)〉

그 다음에는 부처님이 하신 말씀을 상대방이 제대로 알아들었는지 확인하는 과정도 거쳤다.

> "세존이시여, 알았나이다. 이미 알았나이다."

"너는 어떻게 내가 간략히 설명하는 법에서 그 뜻을 널리 알았느냐?"

"물질이 번뇌의 사자를 따르면 물질은 그 사자를 따라 죽을 것이요, …그는 번뇌에서 해탈할 것입니다. 이와 같이 세존이시여, 세존께서 간략히 설명하신 법에서 이렇게 그 뜻을 널리 알았나이다."

〈잡아함경 제1권 15.사경(使經)〉

심리 상담을 공부하는 사람들은 경청하기, 즉 잘 듣기를 첫 번째 수련 요목으로 삼는다. 슈퍼바이저 가운데는 '내담자가 80%, 또는 90%를 말하게 하고 상담자는 20% 또는 10%만 말하라' 하고 구체적인 비율을 정해주는 사람도 있다. 그만큼 듣기에 비중을 두라는 뜻이다.

친구나 이웃, 동료들과의 일상 대화에서도 이 비율을 염두에 두어 보면 어떨까? 그러면 저절로 '대화 잘 하는 사람', '만나면 기분 좋은 사람'이 되어 있을 것이다.

신데렐라의 성공 비결

흔히 '신데렐라' 하면 남자 하나 잘 만난 덕에 단숨에 신분 상승한 여자의 전형으로 생각한다. 그런 측면이 없지 않다. 왜냐하면 왕자가 신데렐라에게 사랑을 느끼게 된 것이, 신데렐라가 아름답게 치장하고 궁정의 파티에 나타나 우아하게 춤추는 모습을 보고 반했기 때문이다. 그때까지만 해도 왕자는 신데렐라가 계모와 배다른 언니들 밑에서 고생하면서 살고 있는 재투성이 소녀인 줄 전혀 몰랐다. 그런 힘든 환경에서도 불평하지 않고 성실히 일하는 착한 소녀라는 장점도 아직은 별 작용을 하지 않았다. 그럼에도 왕자는 처음 만났다가 기약 없이 사라져 버린 신데렐라를 못 잊어 전국을 찾아 헤맸다.

이렇게 단 한 번의 만남으로 신데렐라가 남자의, 그것도 온 나라 처녀들의 선망의 대상인 왕자의 마음을 송두리째 빼앗은 비결은 무엇일까?

운명적인 인연, 뛰어난 미모 등만 갖고 설명하기엔 뭔가 미흡하다. 그렇게 평범한 설정이었다면, 신데렐라 이야기가 전 세계에 퍼져 오늘날까지 전해 내려오지 않았을 것이다.

그 답은 신데렐라의 소망을 실현시켜 준 요정에게서 찾을 수 있다. 신데렐라 이야기에 나오는 요정은 요즘으로 치면 '아줌마'라 부를 수 있는 연배인 것 같다. 이 아줌마 요정은 마술로 신데렐라에게 파티용 드레스와 구두, 마차 등을 만들어 주었다. 신데렐라를 여느 나라 공주 못지않게 아름답게 꾸며주고 궁정으로 보내면서 신신당부한다.

"12시 종이 울리기 전에 파티에서 나와 집으로 돌아오너라."

요정은 12시가 지나면 마법이 풀린다고 했다. 여기에 주목할 필요가 있다. 이는 파티가 아무리 즐겁더라도 너무 오래 머무르지 말고 '적절한' 시기에 자리를 뜨라는 조언이다.

요정은 파티에서 신데렐라가 왕자를 만날 것이고, 두 청춘남녀가 금세 사랑에 빠져들 것이라고 예상한 것 같다. 그러나 사랑한다고 하여 처음부터 너무 빠른 속도로 가까워지면 그만큼 쉽게 싫증이 날 것은 뻔한 이치다. 자칫하면 사랑의 '마법'이 풀릴 수 있다. 그런 점을 예측하여 요정은 신데렐라에게 귀가 시간을 엄격히 지키게 했다.

만약 신데렐라가 다른 소녀들처럼 파티가 끝날 때까지 춤을 추었다면 어땠을까? 신비감이 그만큼 줄어들었을 것이며, 헤어진 뒤에 그렇게 애타게 그리게 되지도 않았을 것이다. 이걸 보면 아줌마 요정이 얼마나 노련한 심리술사인지 알 만하다.

거기에다 신데렐라는 12시 종이 울리는 최종 마감 시간까지 파티를 즐기다가 부리나케 뛰어나가느라 구두 한 짝을 남겨 놓는 극적인 장면까지 연출하였다. 요정은 아마도 어른의 당부를 잊을 정도로 파티 분위기에 들뜨는 소녀의 마음까지 헤아렸던 듯싶다. 처음 만난 미지의 소녀에게 매료된 왕자, 게다가 파티가 절정에 달할 무렵 과감히 자리를 떠나가 버려 신비로움까지 더한 아름다운 소녀에게 마음을 송두리째 빼앗기지 않을 청년이 어디 있겠는가.

'미워도 다시 한 번' 같은 멜로 영화에 나오는 여주인공들은 신데렐라와는 대조적인 길을 간다. 유행가 가사처럼 '마음 주고 정을 주고 꿈도 주고' '순정을 다 바치지만' 결국 남자에게서 버림을 당하고 만다.

왜일까? 너무 많이 주었기 때문이다. 신데렐라처럼 적절히 조절하지 못하고 '부적절하게' 너무 쉽게 속엣 것 다 드러내고, 있는 것 다 줘버렸기 때문이다. 볼 것 다 보고, 알 것 다 안 대상에게 무슨 신비감이 남아 있을 것이며, 안달스런 사랑이 지속되겠는가.

〈잡아함경 제9권 254.이십억이경(二十億耳經)〉에 이런 이치가 나온다.

어떤 비구가 수행에 진척이 없자 환속해 살며 보시로 공덕이나 쌓을까 하고 생각한다. 그 생각을 알아차린 부처님께서 찾아가 묻는다.

"그대는 속세에 있을 때 거문고를 탔는가?"

"예, 그러하나이다."

"네 생각에는 어떠하냐? 만일 거문고 줄을 너무 조이면 부드럽고 맑은 소리가 나던가, 아니면 그 줄을 많이 늦추었을 때 미묘하고 맑은 소리가 나던가?"

"둘 다 아닙니다. 줄을 잘 골라 너무 늦추지도 않고 너무 조이지도 않을 때 미묘하고 맑은 소리를 냅니다."

"수행정진도 그와 같다. 정진이 너무 급하면 들뜸이 더해지고, 너무 느리면 게을러진다."

수행뿐만이 아니다. 인간관계, 특히 이성 관계에서도 '거문고 줄 고르기'와 같은 적절성이 필요하다. 신데렐라의 성공 비결이 바로 여기에 있다.

칭찬의 여러 얼굴

친구가 운영하는 서예학원에 들를 일이 있었다. 마침 학생들이 붓글씨를 쓰고 있었다. 그 가운데 한 학생이 유독 재주가 있어 보였다. 어른 못지않은 실력이었다.

"참 잘 쓰네. 대성하겠구나."

함께 간 사람도 같은 생각을 했는지 감탄을 하며 칭찬했다. 그러자 칭찬받은 학생이 입을 삐죽이며 물었다.

"절 놀리시는 거죠?"

의외의 반응이었다.

나중에 그 학생을 지도하는 원장이 설명을 해주었다. 그런 반응을 보일 만한 이유가 있었다. 촉망을 받던 그 학생이 얼마 전 학생서예작품전에 응모했는데 입선조차 못했다는 것이었다. 그 일로 크게 실망을 했는지 한동안 좌절을 겪고 나서 이제야 가까스로 마음을 추스르고 다시 글씨 연습을 하고 있는 중이었다.

인간중심 상담에서는 '이상적 자아'와 '현실적 자아'의 괴리 때문에 심리적 어려움이 생긴다고 한다. 이상적 자아란 개인이 가장 높은 가치를 두며, 이루고 싶어 하는 자아를 뜻하고, 현실적 자아는 현재 도달해 있는 상태의 자아를 말한다.

이 학생의 경우 이상에 도달하지 못해 좌절을 겪었고, 겨우 좌절에서 헤어 나오는 중에 칭찬을 받으니 고깝게 받아들여졌던 것이다.

칭찬을 하면 고래도 춤춘다는 말이 있다. 그러나 예로 든 일화처럼 칭찬이 늘 좋은 것만은 아니다. 어떤 때는 비판보다 못할 때도 있다.

흔히 칭찬이란 항상 좋은 것, 사람의 동기를 북돋는 좋은 도구, 인간관계를 좋게 유지하는 데 필수적인 것이라고 믿고 있다. 그러나 칭찬이 우리가 생각하는 것과 같은 효과만 내는 것은 아니다. 그렇다고 해서 칭찬이 아무런 가치가 없다는 말이 아니다. 다만, 우리가 맹신하는 것만큼 높은 가치만 있는 것은 아니라는 뜻이다.

칭찬의 정의는 '물건, 행위, 사건 등에 대한 막연한 긍정적인 평가'라고 되어 있다. 일반적으로는 이러한 칭찬이 강한 동기를 불러일으킨다고 믿고 있지만, 학자들 간에는 칭찬과 비난 가운데 어떤 것이 더 강한 동기를 부여하는가에 대해 견해가 엇갈린다. 그러나 "행동한 것에 대하여 아무런 반응을 보이지 않는 것보다는 무슨 반응이든지 표현하는 것이 바람직하다"는 것이 공통된 견해다.

칭찬을 받으면 일단은 기쁘다. 그러나 과연 기쁘기만 할까? 그렇지 않다. 칭찬하는 사람과 받는 때와 경우에 따라 갖가지 심리가 복합적으로 얽힌다.

칭찬을 받으면, 사람들은 막연하게 그에 대해 부정을 하거나 그 가치를 감소시키려고 한다. 이에 대해 심리학자들은 칭찬에 대한 반응에 일종의 방어기제가 작용한다고 본다. 무엇 때문에 방어를 하게 될까?

첫째, 칭찬도 일종의 평가이기 때문이다. 사람이 평가를 받는 입장에 놓이게 되면 그리 기분 좋은 게 아니다.

둘째, 인간이 타인을 평가할 때는 보통 그를 어떤 방향으로 변화시켜 나가려는 의도가 포함되어 있다. 인간은 스스로 변화하고 싶어한다. 또 현재의 자기 자신이 싫다고 하여도 현재의 자신은 바로 그 자신이다. 바로 이 자신이라는 정체감이 중요하다. 그 자신을 보존하려는 무의식적인 노력이 있다. 따라서 비록 자신을 변화하라고 촉구하는 칭찬이라 하여도 부정적 평가와 마찬가지로 이는 또 다른 '심리적 위협'임에 틀림없다.

셋째, 칭찬을 하는 사람이 판단을 하는 위치에 서 있기 때문이다. 즉 칭찬하는 사람이 받는 사람보다 좀 더 우월하거나 높은 위치에 있다는 것이다. 누군가를 칭찬함으로써 자신을 그 사람보다 더 높은 자리에 위치시키려는 불순한 의도가 칭찬 속에 숨어 있을 수도 있다.

넷째, 경우에 따라서는 칭찬이 가져오는 변화의 방향이 칭찬받는 사람에게 유리한 것이 아니라 칭찬하는 사람 측에 유리할 수도 있다. 타인이 자기 이익을 위해 자신을 조작하고 있다고 느껴지면 불쾌해질 것은 당연하다.

다섯째, 칭찬이라는 것이 사람을 불쾌하게 만드는 것은, 질책을 전제로 한 심리적 사탕발림으로 쓰는 경우가 있기 때문이다. "너는 이러이러한 면이 참 좋아. 그런데 말야…" 일상생활에 이런 식의 대화법이 많다. 앞의 칭찬은 당의정 역할을 하는 것이고, 그 사람이 말하고자 하는 본론은 뒤의 질책이다. 이러면 칭찬 듣는 마음이 긴장될 수밖에 없다.

여섯째, 가장 위협적인 사실은 칭찬에 동반되는 의무감이다. 칭찬을 받으면 그런 행위를 지속시키거나 그보다 더 나은 행동을 해야 한다. 즉 항상 최선의 상태를 유지시켜야 한다. 이야말로 인생에서 가장 무거운 과제일 것이다.

그러나 칭찬에는 위와 같은 부정적인 면을 뛰어넘고도 남을 긍정적인 기능이 있다. 칭찬이 사람들에게 위협적임에도 불구하고 칭찬을 하는 이유는 바로 이 긍정적인 측면 때문이다.

첫째, 사람들은 칭찬받기를 기대한다. 즉 타인에게 자기의 가치를 인정받고 싶어 하기 때문에 은밀하게 또는 공개적으로 자기의 행동에 대하여 인정하고 칭찬해 주기를 기대한다. 실질적인 문제에 들어가서 과연 칭찬이 우리의 가치를 드러내느냐 하는 데는 의심의 여지가 있지만, 칭찬을 거부하면서도 한편으로 바라고 있는 것도 사실이다.

둘째, 남을 칭찬하는 일은 그리 힘 드는 일이 아니다. 칭찬을 함으로써 대화가 이루어지며, 타인이 하는 일에 대하여 일일이 예리

한 비판과 명석한 통찰과 예민한 반응을 보이려면 정력과 흥미와 상상력을 동원하는 노력이 들어가야 하므로, 그냥 간편한 칭찬으로 대신하는 경우가 많다.

셋째, 타인을 칭찬하는 것은 자신을 비판하고 평가하는 위치에 올려놓는 것이다. 자기보다 열등한 사람을 칭찬해 줌으로써 자신을 심리적으로 거대하게 하고 자기 위치를 확보하고 강화할 수 있게 된다. 따라서 위치가 낮은 사람이 높은 위치에 있는 사람을 칭찬하면, 이것은 건방진 행위 내지는 모욕적인 행동이 된다.

넷째, 칭찬은 인간관계에서 거리감을 유지하는 데 도움이 된다. 일정한 거리를 두고 사귈 필요가 있을 때 칭찬이 매우 유용하다. 인간 사이에 심리적으로 융통할 수 있는 간격이 필요하며, 특히 많은 사람과 복잡한 접촉을 하는 현대 사회에서는 이 자유 공간이 절실하다. 인간은 자신과 타인 사이에 적당한 거리 간격을 유지하는 기술로 칭찬이 가장 효과적임을 알게 되었고, 따라서 이 기술이 발달하게 되었다.

칭찬은 또한 인간관계를 비교적 안정성 있게 유지하는 구실을 한다. 하나의 조직체가 원만하게 기능을 하려면 어떤 체제를 유지해야 한다. 회의에서 칭찬이란 회의의 결말을 의미한다. 칭찬은 인간과의 만남을 막고, 타인과 적당한 심리적 거리를 유지하고 우리 자신의 위치를 확보하는, 인간관계의 통제를 위하여 매우 중요한 방법이다.

그렇다면 칭찬은 어떻게 하는 것이 효과적일까?

첫째, 칭찬은 말로 하는 것보다 글로 해 주는 것이 좀 더 낫다. 본인에게 읽히려고 쓰지 않은 칭찬의 글을 다른 기회에 읽게 될 때 그 실질적 가치가 가장 크게 나타난다.

둘째, 칭찬 받는 사람이 그 칭찬을 받을 수 있도록 심리적 준비가 갖추어져 있을 때 비로소 칭찬이 제 가치를 발휘한다. 앞에 예를 든 서예학원 학생의 경우, 바로 이것 때문에 칭찬을 받아들이지 않은 것이다.

셋째, 칭찬의 실질적 가치는 그것을 듣게 되는 사람의 내적 욕구 여하에 달려 있으므로 그에 맞는 칭찬을 해야 한다. 사람마다 듣고 싶은 칭찬과 듣고 싶지 않은 칭찬이 있다. 지성적인 면을 칭찬해 주면 좋아하는 사람이 있는가 하면 정서적인 면을 칭찬해 주면 좋아하는 사람이 있다. 외모를 칭찬해 주면 좋아하는 사람이 있는가 하면, 성품을 칭찬해 주면 좋아하는 사람이 있다. 사람마다 욕구가 다르듯, 그 사람에게 맞는 칭찬도 다를 수밖에 없다.

이렇게 칭찬은 복잡 미묘하다. 따라서 제대로 효과적인 칭찬을 하기란 쉽지 않다. 게다가 마음에 없는 칭찬을 하면 듣는 상대방도 곧 알아차린다. 경우에 맞지 않는 칭찬은 아부가 되기 쉬우며, 격에 맞지 않는 칭찬은 모욕이 될 수도 있다.

따라서 인간의 자발성, 창의성, 판단, 문제 해결 등의 능력을 발전시키고자 할 때에는 칭찬보다 사람의 내적 동기에 의지하고 호소하는 것이 중요하다. 즉 어떤 사람으로 하여금 그가 타인의 통제 아래 있지 않고 자유롭다는 것을 감지하게 하는 것이다. 만일 칭찬을 해줌으로써 지위의 차이를 인식케 하고 거리감을 가지게 한다면 자유와 수용의 분위기가 조성될 수 없다.

대인관계에서 칭찬보다 더 효과적인 방법이 있다.

첫째, 솔직하게 대하는 일이다. 이는 분별없이 속을 다 털어놓는 것과는 다르다. 사람을 솔직하게 대한다는 것은 쉬운 일이 아니다. 자신의 일부를 타인에게 보여 주는 것으로, 자신의 느낌과 태도를 표명하는 일이다. 솔직한 것이 대인관계에서 궁극적으로 좋은 결과를 가져온다.

둘째, 다른 사람의 말에 공감하는 일이다. 그 사람의 말을 잘 들어주는 일이다. 이것은 다만 상대방의 말이 끝날 때를 기다려 준다는 뜻이 아니라, 그 사람의 눈에 비치는 세계가 어떤 것인지 보려는 노력, 즉 상대방의 지각의 장에 들어가려는 노력과 그 노력을 상대방에게 이해시키려는 노력이다.

경전에 보면 곳곳에 '착하고 착하다'는 말이 나온다. 부처님께서는 이렇게 늘 칭찬의 말을 아끼지 않으셨다.

"착하고 착하다! 비구여, 너는 내가 간략히 말한 법에서 그 뜻을 널리 알았구나!"

〈잡아함경 제1권 17.비아경(非我經)〉

"착하고 착하다! 너는 내게 마음의 좋은 해탈을 잘 물었다. 착하다, 겁파여!"

〈잡아함경 제1권 22.겁파소문경(劫波所問經)〉

"착하고 착하다! 부루나여, 너는 욕 참기를 잘 배웠구나!"
〈잡아함경 제13권 311.부루나경(富樓那經)〉

"착하다! 너, 텟사 비구여! 성냄을 떠나는 것 착하고 착하다."
〈잡아함경 제38권 1068.저사경(低沙經)〉

"착하고 착하다. 너는 나를 보고는 스스로 마음을 거두고 모든 감관을 휘잡을 수 있었구나. 비구여, 그것은 법이니 그렇게 해야 한다."
〈잡아함경 제38권 1080.참괴경(慚愧經)〉

그렇다고 해서 부처님이 무턱대고 칭찬을 남발하신 것은 아니다. 어떤 면은 어떠해서 칭찬 받을 만하다는 것을 조목조목 알려주셨다.

그렇다면 경전에 부처님의 칭찬이 그렇게 많이 나오는 이유는 무엇일까? 부처님이 칭찬할 기회를 놓치지 않고 잘 포착하셨기 때문이다. 바로 이 점이 상담에서도, 아이들 교육에서도, 인간관계에서도 가장 중요하다.

멈추어라!

광명시에 살 때의 이야기다. 당시엔 지하철이나 전철 연결이 많이 돼 있지 않아 1호선 전철을 주로 이용해야 했다. 개봉역에서 내려 연립주택이 띄엄띄엄 있는 벌판길을 지나, 목감천 위에 놓인 목감교를 건너서도 한참을 걸어야 집에 도착했다.

어느 날, 전철에서 내려 보니 역 근방 과일가게에 먹음직한 수박이 잔뜩 쌓여 있었다. 값도 무척 쌌다. 하나 사려다가 무거운 수박을 들고 집까지 가는 게 엄두가 나지 않아 포기했다. 그런데 함께 전철에서 내린 남자가 수박을 샀다. 쌓인 것 중에서 제일 큰 것이었다. 집이 가까운가 보다 하고 무심코 생각하며 앞장서 가는 남자를 따라 걸었다.

남자는 예상과 달리 벌판길을 지나 목감교 쪽으로 걸었다. 주택가까지 가려면 한참 걸리는 거리였다. 남자는 수박이 무거운지 가는 동안 여러 번 손을 옮겨가며 들고 갔다. 그것도 힘든지 땅에 내려놓았다가 다시 들고 가기를 반복했다. 뒤에서 따라가며 그 모습을 보고 있노라니 저 무거운 수박을 들고 어디까지 가려는가 하고 은근히 걱정이 되었다.

목감교에 이르렀을 때였다. 낑낑거리며 수박을 들고 가던 남자가 갑자기 수박을 번쩍 들어 올려 냅다 다리 아래로 내던졌다. 그러고는 손을 털털 털더니 가벼운 걸음으로 성큼성큼 걸어갔다.

그 장면을 보는 순간 괜히 내가 큰 짐을 덜어버린 양 기분이 통쾌해졌다. 남자의 과감한 결단에 박수라도 쳐 주고 싶었다.

뒤도 안 돌아보고 간 남자와 달리 나는 그래도 수박이 궁금해서 다리 아래를 내려다보았다. 수박은 보기 좋게 두 조각으로 쪼개진 채 널브러져 있었다. 겉보기엔 먹음직스러웠으나 속은 덜 익어서 허연 부분이 많았다. 그 모습을 보니 더욱더 참 잘 집어던졌다 싶었다.

불경에 등장하는 악인 중에서 손가락으로 꼽을 만한 사람이 앙굴리마라다. 앙굴리마라의 교화 사례는 상담의 여러 면에서 활용할 수 있게끔 다양한 의미를 갖고 있다.

앙굴리마라는 본래 사위성에 있는 어떤 바라문의 제자로, 스승의 신임을 한 몸에 받는 사람이었다. 어느 날 스승이 출타한 틈을 타 스승의 부인이 방으로 불러 유혹했으나 뿌리치고 뛰쳐나왔다. 그러자 부인은 분한 마음에 자신이 겁탈 당했다고 남편에게 거짓말을 했다. 화가 난 스승은 제자에게 복수하기 위해 '도를 이루려면 사람 천 명을 죽여서 손가락 한 개씩 잘라 목걸이를 만들어 걸면 된다'고 했다. 그리하여 앙굴리마라는 희대의 악마가 되어 999명을 죽였다. 마침내 천 명을 채우기 위해 자기 어머니까지 죽이려 할 때 부처님을 만나게 되었다. 여기까지는 〈증일아함경 31권 제38 역품①〉에 나오는 내용이다.

〈잡아함경 제38권 1077.적경(賊經)〉에는 부처님이 앙굴리마라를 만나 교화하는 장면이 극적으로 묘사되어 있다.

그때 세존께서는 멀리서 앙굴리마라가 칼과 방패를 들고 달려오는 것을 보셨다. 세존께서는 신통력으로 천천히 걷는 몸을 나타내어 앙굴리마라가 빨리 달려도 따르지 못하게 하였다.

앙굴리마라는 달리다달리다 지쳐 멀리서 세존께 말하였다.

"멈추어라, 멈추어라. 가지 마라."

세존께서는 나란히 걸으시면서 말씀하셨다.

"나는 언제나 멈춰 있는데, 네가 멈추지 않을 뿐이다."

그때 앙굴리마라는 게송으로 말하였다.

"사문은 그대로 빨리 달리며
나는 언제나 멈추었다고 말하고
나는 지쳐서 멈춰 있는데
네가 멈추지 않는다고 말하네.
사문이여, 어째서 나는 멈추었는데
네가 멈추지 않는다고 말하는가?"

그때 세존께서 게송으로 대답하셨다.

"내가 언제나 멈추어 있다는 것은

나는 저 모든 중생에 대해 칼질이나 막대기질 쉬었지만
너는 중생에게 두려움 주며
나쁜 업을 그치지 않는다는 뜻이다.”

그러자 앙굴리마라가 다시 게송으로 여쭈었다.

“오랜만에 모니(牟尼)를 보고서
길을 따라 그 뒤를 쫓아왔는데
이제 참되고 묘한 말 듣고 나니
오랜 세월 동안의 나쁜 업 버려야 하리.
그 도적은 이렇게 말하고는
들고 있던 칼과 창을 던져 버리고
세존의 발아래 몸을 던지면서 말했네.
원컨대 저의 출가를 허락하소서.”

부처님께서 다시 게송으로 말씀하셨다.
“칼을 갈 때는 숫돌을 쓰고
화살을 바루려면 불에 구우며
재목을 다룰 때는 도끼를 쓰고
자기를 다룰 때는 지혜를 쓰네.”

부처님께서는 기막힌 역설적 방법으로 살인마 앙굴리마라를 조
복시키셨다.
앙굴리마라는 스승의 말만 믿고 1,000명을 죽이기 위해 앞뒤 돌

아보지 않고 매진했다. 999명을 죽이고 나머지 한 명을 채우기 위해 부처님을 죽이러 달려왔지만 부처님은 신통력으로 걸음 속도를 조절해 따라잡지 못하게 하셨다. 달리다 지친 앙굴리마라가 "멈추어라" 하고 말하는 순간을 놓치지 않으시고 "나는 멈추어 섰다, 네가 달리고 있을 뿐이다" 하고 일침을 놓으셨다.

여기서 달린다는 것은 몸의 움직임을 말하는 것만이 아니다. 자신이 하고 있는 일이 선업을 쌓는 것인지 악업을 짓는 것인지 돌아보지도 않고 해오던 일을 계속해 나가는 것을 지적하신 말씀이다. 이런 충격적인 역설에 앙굴리마라는 그때까지 철석같이 믿어 온 "천 명을 죽이면 도를 이룬다"는 스승의 가르침이 과연 옳은 것인지 의혹을 갖게 되었고, 그 말을 믿고 지금까지 해온 살인 행위가 얼마나 잘못된 것인지를 깨달은 것이다.

희대의 살인마 앙굴리마라가 그 자리에서 칼과 창을 던져 버리고 귀의하도록 이끈 부처님의 위신력에 감탄이 절로 나온다.

앙굴리마라처럼 우리는 자신이 하는 일이 어떤 의미가 있는지, 무엇 때문에 그래야 하는지 살펴보지도 않고 마구 내달리곤 한다. 더 높게 출세하기 위하여, 더 많이 돈을 벌기 위하여, 더 강하게 권력을 쥐기 위하여 안간힘을 쓴다. 이 모든 것의 동력이 탐욕임은 두 말할 나위 없다. 가끔은 멈추어 서서 그러한 탐욕일랑 수박을 던져 버린 남자처럼 과감히 던져 버릴 수 있어야 한다.

의견 대립이나 분쟁이 일어나면 더욱 무섭게 극단으로 치닫는다. 대립과 분쟁 당사자는 한 선로에서 마주보고 달리는 기관차처럼 서로를 향해 돌진한다. 결과는 둘 다 파국일 뿐이다. 빤한 결과가 앞에 있음에도 서로가 상대방을 향해 "네가 먼저 양보해라", "네가 먼저 사과해라", "네가 먼저 항복해라" 하면서 상대방에게만 "먼저 멈추어라" 하고 소리친다. 이럴 때 멈추라는 말은 앙굴리마라가 부처님을 죽이기 위해 쫓아가면서 "멈추라"고 한 것과 똑같다. 죽을 줄 뻔히 알면서 멈추어 설 바보가 어디에 있겠는가.

해결책은 나부터 멈추는 것이다. 마음속에서 끓어오르는 탐욕과 분노와 어리석은 마음을 멈추고 다시 살펴볼 때 비로소 사태를 새로이 조망할 수 있는 지혜가 생긴다.

부처님이 앙굴리마라에게 한 말씀이 오늘날 우리에게도 유효하다.

　"칼을 갈 때는 숫돌을 쓰고
　자신을 다룰 때는 지혜를 쓰네."

지혜를 꺼내 쓰려면 우선, "멈추어라."
그래야 제대로 보인다.

너무 쉬운 용서

어느 회사에 지각을 자주 하는 여직원이 있었다. 5분이나 10분쯤 늦는 게 아니라 30분에서 1시간 정도 지각을 하였다.

어느 날, 보다 못한 상사가 잦은 지각을 지적했다. 그러자 그는 금세 눈물을 흘렸다.

"죄송해요. 다음부터는 늦지 않을게요."

야단치던 상사는 우는 모습을 보고는 얼른 노여움을 거두었다. 울면서 사죄하는 데야 더 이상 무슨 잔소리가 필요하랴 싶은 듯했다.

그러나 그 여직원은 이후로도 계속 지각을 했다. 한 번 야단쳤다가 눈물 흘리는 것에 놀란 마음 약한 상사는 더 이상 관여하지 않았다.

잘못을 지적당하면 반응이 갖가지다. 충격을 받아서 어쩔 줄 몰라 하는 사람, 별로 개의치 않는 사람, 과도하게 반응하는 사람.

앞에 예를 든 여직원은 과도하게 반응하는 사람의 부류에 속할 것이다.

어떤 사람이 개전(改悛)의 가능성이 높을까? 사람을 대하는 입장에 있는 사람이라면 누구나 궁금해 하는 사안일 것이다.

상담심리학에서는 쉽게 용서를 구하는 사람은 별로 변화될 가능성이 없다고 본다. 왜냐하면 자신의 현재의 잘못에 대해 깊은 통찰을 하지 않았기 때문이다. 이들이 사죄(謝罪)를 하는 이유는 용서를 빌기 위해서가 아니라 상대방을 조종하기 위해서다. 쉽게 사죄(赦罪)를 얻어내고는 다시 같은 행동을 반복한다. 앞에 예로 든 여직원의 경우는 눈물을 무기로 삼아 사죄를 받아냈던 셈이다.

바람둥이한테서도 좋은 예를 볼 수 있다. 바람을 피워서 들키고 나면, 화를 내는 배우자에게 "다시는 절대로 바람피우지 않겠다"고 철석같이 맹세한다. 그 맹세가 어찌나 절실해 보이는지 모른다. 그래서 배우자는 저렇게까지 잘못을 비는데 같은 짓을 반복하랴 하고 의심을 하지 않는다. 그러나 상대방이 용서를 해주고 나면 얼마 안 가 다시 바람을 피운다.

가정폭력에서도 같은 패턴이 나타난다. 가정 폭력 사이클을 제대로 알지 못하는 사람은 대부분 가정폭력 피해자가 왜 그렇게 오랜 세월 폭력을 당하며 살아가는가 이해를 하지 못한다. 그러나 그 안에는 그런 상태를 오랜 세월 지속하게 하는 요인이 있다. 너무 쉬운 사죄(謝罪: 용서를 빔)와 너무 쉬운 사죄(赦罪: 용서를 해줌)가 그것이다.

가정폭력이 일어났다고 해서 그 가정에 항상 폭력적 분위기만 흐르는 것이 아니다. 늘 폭력만 있다면 피해자는 견디지 못하여어서 빨리 그 굴레에서 벗어나려 할 것이다. 그러나 행위자는 폭력을 행하고 난 다음 피해자에게 용서를 구한다. 자신이 일시적으로 흥분해서 잘못을 저지른 것이라고 변명하며 다시는 그러지 않겠다는 맹세를 한다. 그런 다음 피해자에게 약을 사다 발라주는 등 한동안 극진하게 대접을 한다. 이러는 동안에는 피해자가 뭐라고 불만을 터뜨려도 너그럽게 받아들여 준다. 이를 '폭력 후의 밀월기간'이라고 한다.

그러면 피해자는 맞을 때의 처참하던 상황을 잊은 채, 내가 이렇게 착한 사람을 왜 미워했지 하고 의심하고, 이렇게 좋은 사람인데 아마도 내가 잘못해서 맞은 걸 거야 하고 자책을 하기도 한다. 그러다가 다시 세월이 흘러서 폭력 주기가 오면 다시 폭력을 저지르고 용서를 빌고 용서하고, 한동안 잘 지내다가 폭력이 반복되는 사이클이 돌아간다.

상담을 할 때 이런 점을 고려해야 한다.

어떤 내담자는 이렇게 말하기도 한다.

"사실, 이런 문제가 생긴 것이 모두 제 탓이지요 뭐."

이럴 때 진정으로 자기 탓이라고 인정하는 경우는 드물다. 다른 사람의 공격을 사전에 막기 위한 방어책에 불과하다.

직장에서도 마찬가지다. "모두 제 잘못입니다" 하고 부하들의 과오를 감싸는 중간 간부가 있을 때 진정 자기 잘못으로 인정하는지는 확인해 볼 일이다. 이렇게 말로만, 직위 상 책무로 인한 의례적인 잘못 인정은 시정되기 쉽지 않다. 속으로는 남의 탓을 하며 자기 잘못은 부인하고 있을 것이기 때문이다.

"다 내려놓았어요"

불자들 가운데 이런 말을 쉽게 하는 사람도 있다. 하지만 자신의 잘못을 지적당하면 누구나 처음엔 약간의 불쾌감이 생기고, 사실은 아닌데 하고 부정하고 싶은 마음도 생기고, 한편으로는 반발하는 마음이 나는 것이 사실이다. 그러면서 다른 한편으로 진짜 내게 그런 면이 있나 하고 자신을 살피게 된다. 그러다가 어느 순간 상대방의 말에 일리가 있음을, 어떤 때는 내 자신이 알지 못한 정곡을 찔렀음을 발견하게 된다. 그리고 난 다음에야 자신의 잘못에 대한 통찰이 생기면서 그런 자신에 대해 부끄럽고 한심스럽고 후회도 생기는 등 감정의 여러 면면을 경험하고 난 다음에야 자신의 행동을 고치게 된다.

마음의 행로가 이렇게 복잡한데, 잘못을 지적하자마자 "지적해 주셔서 고맙습니다, 아뇨, 불쾌하지 않아요 그런 마음을 갖고 있을 리가요. 전 다 내려 놓았는 걸요" 하고 일사천리로 말한다면 그 사람은 진정 내려놓지 못한 사람일 수 있다. 아니, 그보다는 내려놓을 그 대상이 뭔지, 자신이 뭘 내려놓았는지조차 파악하지 못했을 수도 있다. 그래서 심리학자인 칼 로저스는 "사람들이 진정으로 자신을 수용할 때, 진정으로 느낄 때" 변화가 일어난다고 했다.

그때에 세존께서는 두 비구에게 말씀하셨다.

"너희 둘은 참으로 서로 다투면서 각각 '너는 와서 겨루어 토론하자. 누가 많이 알고 누가 훌륭한가?' 하고 말하였는가?"

두 비구는 여쭈었다.

"실로 그러하나이다, 세존이시여."

부처님께서는 말씀하셨다.

"너희들은 내가 말한 법을 가지고 서로 논쟁하면서 각각 '너는 와서 겨루어 토론하자. 누가 많이 알고 누가 훌륭한가' 하고 말하였는가?"

"아닙니다, 세존이시여."

"너희들은 내가 말한 법으로 스스로 훈련하고 스스로 쉬며 열반을 구하지 않는가?"

"그러하나이다, 세존이시여."

"내가 말한 법을 알고도 너희 어리석은 이들아, '누가 많이 알고 누가 훌륭한가?' 하고 논쟁할 수 있겠는가?"

때에 두 비구는 앞으로 나아가 부처님 발에 예배하고 거듭 사뢰었다.

"참회하나이다, 세존이시여. 참회하나이다, 선서시여. 저희들은 미련하고 착하지 못하며 지각이 없어 서로 다투었나이다."

"너희들은 진실로 허물을 알았다. 어리석고 착하지 못하며, 지각이 없어 서로 다툰 것을 후회하였다. 이제는 이미 스스로 죄를 알고 스스로 죄를 보고, 지견이 생겨 참회하였으니, 미래의 세상에는 율의계 (律儀戒: 행위와 언어와 의념에 걸쳐 악을 없애고 온갖 선한 계를 보존하는 계율)가 생길 것이다. 나는 이제 너희들을 가엾이 여겨 너희들의 착한 법이 더욱 늘어나 마침내 물러나거나 줄어들게 하지 않으리라. 왜 그러냐 하면 만일 스스로 죄를 알고 스스로 죄를 보고 지견이 생겨 참회하면 미래 세상에 율의계가 생겨 마침내 물러나거나 줄어들지 않기 때문이니라."

〈잡아함경 제41권 1138.각승경(角勝經)〉

부처님께서도 진실로 허물을 알고 참회해야만 잘못을 고치고 선한 법을 지킬 수 있다고 하셨다.

비밀의 무게

10년 전, 친정어머니가 갑자기 몸이 쇠약해졌다. 틀니를 잘못 맞추어 고생하시더니 입안 전체가 헐고 음식을 잘못 잡수면서 영양 부족 상태까지 왔다. 말을 할 때 입술이 바들바들 떨리고 혀까지 꼬였다. 그제야 어머니의 건강이 염려된 자식들이 영양제다 보약이다 대령하면서 신경을 써드리니 원상으로 돌아왔다.

그때 혹시 어머니가 그만 이렇게 돌아가시는 건 아닌가 하고 무척 걱정이 되었다. 그러자 어머니 살아 계실 때 꼭 말씀드려야지 하는 생각이 들면서 예전의 기억이 마감 기한 다 된 숙제처럼 떠올랐다. 아버지가 돌아가실 때처럼 갑작스럽게 쓰러져 의식을 되찾지 못한다면 영원히 말할 기회가 없어질지 모르기 때문이었다. 그래서 어느 날 어머니와 마주앉았다.

"엄마, 실은 고백할 게 있는데요…."

내가 심각하게 말을 꺼내자 어머니는 매우 어색해했다. 모녀간에 일상적 얘기는 해 왔지만 정색을 하고 심중 깊은 곳에 있는 대화를 하기는 처음이기 때문이었다.

내가 초등학교 5학년 때였다. 시골에 살고 있는 우리 집은 농사가 주업이었다. 하지만 아버지는 농삿일은 머슴한테 맡기고 동네 이장을 보면서 대처로 돌아다녔다. 그러다가 논밭 일부를 팔아 읍에 여관을 차렸다.

아버지는 여관 운영 때문에 며칠씩 집을 비웠다. 얼마 후 아버지가 첩을 얻었다는 소문이 돌았다. 그 말을 듣자 어머니는 몸져누웠다. 아버지가 집에 안 들어오신 지 여러 날, 어머니마저 앓아눕자 어린 나로서는 아버지를 찾아와야겠다는 생각이 먼저 들었다.

학교가 쉬는 일요일이 되자 나는 어머니에게 말도 하지 않고 아버지를 찾아 읍으로 향했다. 우리 마을에는 버스가 다니지 않으면 소재지까지 한 시간을 걸어 나가야 버스 정류장이 있었다. 하지만 버스가 하루 두세 번 다니는 터라 언제 올지도 몰랐다. 버스를 혼자 타 본 적이 없는 나로서는 다리 하나만 믿고 무작정 읍이 있는 방향을 향해 걸었다.

40리쯤 되는 길을 걷고 또 걸어 드디어 읍에 도착했다. 그리고 다시 여러 사람한테 묻고 또 물어서 아버지가 운영한다는 여관을 찾았다. 아침 밥 먹고 출발했는데 저녁 네다섯 시 쯤 되서야 도착했다.

여관 대문을 열고 무작정 아버지 이름을 대며 소리쳤다.

"여기 권오영 씨 계시나요? 우리 아버지 찾으러 왔어요"

그러자 여관 입구의 문간방에서 젊은 여인이 신발도 신지 않은 채 뛰어나왔다.

"어머, 네가 경희니? 아버지한테 얘기 많이 들었다. 아이고, 어

떻게 여기까지 왔어? 고생 많이 했나 보구나. 머리에 흙먼지가 뽀
얗게 앉았네."

여인은 반색을 하며 내 손을 잡고 문간방으로 들어섰다. 여관
손님을 맞고 보내는 업무를 보는 방인 듯했다.

나는 직감으로 그 여인이 아버지의 첩이라는 것을 알 수 있었
다. 어머니를 몸져눕게 한 장본인이었다. 그렇다면 나에게도 '적'
이었다. 그러나 너무도 반가이 맞아주며 살랑거리니 싫은 내색을
하기가 어려웠다.

"아버지는 외출하셨어. 그건 그렇고, 너 점심도 못 먹었겠구나.
잠깐 기다려. 내가 점심 차려다 줄게. 그 사이에 이 책 보고 있어."

방안에는 그 여인 또래의 여자 둘이 더 있었다. 여자들은 친구
사이인 듯, 모여 앉아 수다를 떨며 대여점에서 빌려온 만화책을
보고 있었다. 문화적 혜택이란 전혀 없는 산골에 살던 나로서는
그때 그런 만화책을 처음 보았다. 만화책을 손에 드니 배고픈 것
도 잊어버릴 정도로 재미있었다.

잠시 후 그 여인이 작은 상을 들고 들어왔다. 상 위의 양은 냄
비 속에서는 처음 보는 국수가 모락모락 김을 내고 있었다.

"급히 준비하느라고 라면을 끓여 왔어."

그때 나는 라면이란 것을 처음 먹었다. 그렇게 맛있을 수가 없
었다. 쫄쫄이 굶고 40리 길을 걸어온 시골 소녀가 처음 먹는 라면
맛은 그야말로 최고였다.

그렇게 맛있게 라면을 먹다가 문득 집에 누워 계신 어머니 생각
이 났다. 엄마는 지금 이 여자 때문에 앓고 계신데, 나는 그 문제

의 여자가 끓여준 라면을 맛있게 먹고 있다니….

어머니를 배신한 듯한 마음에 죄책감이 밀려올라왔다. 그러면서도 맛있는 라면의 맛을 이기지 못해 한 그릇을 다 먹고 국물까지 싹싹 핥아먹다시피 했다.

"엄마, 미안해요. 제가 그때 라면 먹으면서 엄마한테 얼마나 죄스러웠는지…."

어머니는 내 고백을 듣더니 막 웃었다. 그러고는 말씀했다.

"실은, 나도 말야…."

나는 기억에 없는데, 내가 아버지를 찾아온 이후 아버지가 또 집을 나갔다고 한다. 이번에는 어머니가 아버지를 찾아 나섰다. 어머니도 차편이 여의치 않아 걸어서 읍에 있는 아버지의 여관에 도착했단다. 그 여인은 어머니한테 "형님, 형님" 하고 반색을 하며 맞이하더니 어머니한테도 라면을 대접했다. 어머니도 그때 처음 라면을 먹어 보았다고 한다.

"머리채를 잡고 흔들어도 시원찮을 첩년이 끓여준 라면이 어찌나 맛있던지. 속도 없이…."

어머니는 당신이 생각해도 한심하고 창피해서 그동안 아무한테도 말을 못했다고 한다.

'적군' 앞에서 라면에 홀려 찾아간 목적을 잠시 잊었던 우리 모녀는 그때의 죄책감과 부끄러움을 털어놓으며 한참을 박장대소했다.

털어놓고 보니 아무 일도 아니었다. 사람이라면 그럴 수도 있을 만한 일이었다. 그런데 마음속에 넣어 두었을 때는 그 기억이 왜 그렇게 무거웠는지, 그게 무슨 큰 잘못이나 수치스러운 일이나 되는 듯 힘이 들었다.

집단상담을 시작할 때 리더는 집단 참가자의 이해와 참여를 높이기 위해 '조하리의 창(Johari's window)'을 그려 놓고 설명하곤 한다. 이는 심리학자 조 루프트(Joe Luft)와 해리 잉그램(Harry Ingram)이 창안한 것으로, 두 사람의 이름을 따서 부르는 것이다.

Johary의 창

	자신이 아는 자기	자신이 모르는 자기
타인이 아는 자기	A	B
타인이 모르는 자기	C	D

A는 자신도 알고 타인도 아는 오픈된 영역, 즉 '공적인 영역'이다. B는 자신은 모르고 타인은 아는 '맹점 영역'이다. C는 자신은 아는데 타인은 모르는 '비밀 영역'이고, D는 자신도 모르고 남도 모르는 '무의식적 영역'이다. 집단상담에서는 피드백을 통해 B의

맹점 영역을 축소하고, 자기 개방을 통해 C의 비밀 영역을 줄여나
감으로써 A의 공적 영역을 확장해 나간다. 그림으로 표현하면 다
음과 같다.

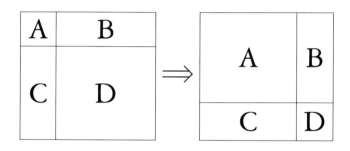

"매우 즐겁구나, 매우 즐겁구나."

어느 날 발제 비구가 한밤중에 고요한 나무 아래서 선정에 잠겨 있
다가 소리쳤다.

가까이 있는 비구들이 이 말을 듣고 생각했다.

'발제 비구는 본래 속세에 있을 때 오욕을 즐기다가 그것을 버리고
출가하여 도를 닦는데, 밤이면 매우 즐겁다고 외치니, 아마도 속세에
있을 때에 오욕을 마음껏 즐기던 것을 생각하면서 외치는 것은 아닐
까?'

여러 비구들은 다음날 아침 부처님께 가서 이 일을 여쭈었다.

그러자 부처님께서 발제 비구를 불러 그 사실을 확인한 뒤 물었다.

"발제야, 너는 어떤 이치를 보았기에 그렇게 외쳤느냐?"

"제가 본래 집에 있을 때는 집 안팎을 항상 칼과 몽둥이 등의 무기
로 무장한 사람들이 호위하였습니다. 그러면서도 도적들이 와서 제

목숨을 빼앗을까 두려워했습니다. 그러나 지금 저는 고요한 무덤 사이나, 나무 밑에 있으면서 한밤중이 되어도 두렵거나 무섭지 않습니다. 그래서 고통을 벗어나는 즐거움이 매우 즐겁다고 소리쳤습니다."

〈경률이상(經律異相)〉 제7권 11) 발제가 출가하다

발제 비구는 세속에 있을 때 많은 재산을 지키느라 노심초사하며 불안한 나날을 보냈다. 재산을 누린 것이 아니라 재산에 짓눌려 살았다. 재산 때문에 목숨까지 위협 받으며 살아온 것이다.

심리적 비밀의 무게도 이에 못지않게 무겁다. 마음속에 숨기거나 담아 둘 것이 많으면 그것을 지키느라 그만큼 많은 심리적 에너지를 할당해야 한다. 발제 비구가 재산을 지키는 파수꾼을 곳곳에 두고도 불안했던 것처럼, 마음속에 수문장을 곳곳에 배치하고 지키느라 급급해진다. 따라서 자신의 다른 면을 돌아보거나 향상시킬 겨를이 없게 된다.

발제 비구가 재산을 모두 버리고 출가해 자유로운 마음으로 '즐겁구나'를 외친 것과 마찬가지로 상담심리학에서는 자기 이해→수용→개방을 통해 자기 성장을 이루어 나갈 것을 권유한다.

마음의 무게가 가벼워지는 것, 이것이 상담심리학에서 말하는 성장이요, 불교에서 말하는 깨달음의 길로 다가서는 첫걸음이리라.

처음도 좋고 중간도 좋고 끝도 좋고

추리작가 한 사람이 작품에 쓸 자료를 모으다가 우연한 발견을 했다며 우스개 삼아 말해 준 얘기다.

모르는 사람이 매우 친절하게 다가온다면?
→ 십중팔구는 외판원이거나 보험설계사, 또는 "도를 아십니까?" 하고 물으려는 사람이다.
오랜만에 친구가 연락을 해온다면?
→ 십중팔구는 최근 다단계 판매에 빠져들었거나, 자식이 결혼을 하거나, 급전이 필요해서다.
어떤 사람을 우연히 자주 만나게 된다면?
→ 십중팔구는 사기를 치려는 것이다.
그가 유달리 친절하고 싹싹하게 군다면?
→ 분명히, 확실히 사기를 치려는 것이다.

얘기를 듣던 사람들이 그럴 듯한 말이라며 웃자, 그 작가는 사기꾼을 판별할 수 있는 요소를 한 가지 더 알려주었다.

→ 함께 있을 때 그에게 전화가 자주 걸려온다. 전화 건 사람들이 대부분 '경찰서장', '판검사', '세무서장' 등 이른바 높은 사람들이다.

남의 통화 내용을 듣고 전화 건 상대방을 어떻게 알 수 있느냐고 묻자, 작가는 자신 있게 대답했다.

"그거야 쉽죠. 통화하면서 상대방 직책을 말하거든요."

즉 통화중에 "예, 예. 서장님." "그럼요, 판사님." "검사님께서 알아서 해주십시오" 등의 멘트를 날린다는 것이다. 일부러.

이렇게 유난히 친절하면서, 우연히 자주 만나게 되면서, 주변의 '백'을 은근히 내세우는 사람을 만나면 사기꾼한테 걸리는 건 아닌지 조심하라는 조언이었다.

심리학자들이 연구한 바에 따르면 인간관계는 크게 네 단계를 거치며 발전한다고 한다. 첫째는 일상적인 대화 단계로 "안녕하세요?" 같은 의례적 인사나 나누는 피상적인 사이를 말한다. 두 번째는 사실 전달 단계로 뉴스나 스포츠 등 공통의 관심사에 대해 대화를 나누는 관계다. 세 번째는 의견 교환 단계로 서로의 생각을 나누는 과정이다. 네 번째는 감정 교류의 단계로 진정한 마음의 공유가 일어나 정서적으로 친밀해지는 사이다.

인간관계가 시간에 따라 발전해 가는 과정도 흥미롭다.

첫 번째는 시작 단계로, 새로운 접촉을 통해 첫인상을 갖게 되는 과정이다. 첫인상이 좋고 나쁜 것은 관계 발전에 매우 중요한 요소로, 첫인상을 형성하는 데는 몇 가지 원리가 있다. 그 하나가 고정관념의 원리로, 남성은 이렇고 여성은 저렇다는 성 고정관념, 외모가 아름다운 사람은 이렇고 못 생긴 사람은 저렇다는 외모에 대한 고정관념 등이 크게 작용한다. 또 하나는 평가의 원리로, 처음 만나는 사람을 좋은 사람 혹은 나쁜 사람으로 구분하는 평가 차원, 강한 사람 또는 약한 사람으로 구별 짓는 잠재력 차원, 활동적이라거나 수동적이라고 분류하는 활동성 차원 등이 있다. 그러나 첫인상이 그대로 지속되는 것은 아니다. 사람에게는 평균회귀의 원리가 있어서 사귀는 시간이 길어짐에 따라 처음에는 호감을 가졌던 사람에게서 그렇지 않은 면을 발견하게 되고, 처음에 반감을 가졌던 사람에게서는 좋은 면을 발견하게 됨으로써 중립적인 방향으로 인상이 변화해 간다고 한다.

인간관계의 두 번째 과정은 발전 단계로, 이때도 몇 가지 원리가 작용한다. 즉, 서로에 대해 많이 알수록, 서로 신뢰할수록, 서로 취미나 관심사가 비슷할수록 친해지며, 서로 자기가 받은 만큼 상대방에게 베풀어야 친해진다.

세 번째 과정은 평가 단계다. 인간은 어느 정도 관계가 깊어지게 되면 서로의 관계를 평가해 보고 관계를 유지할 것인가 단절할 것인가를 판단하게 된다. 상대방과의 인간관계가 자신의 기대 수준에 도달하지 못한다고 느끼면 관계를 중단하거나 만나는 횟수를 줄이고, 만족스럽다고 느끼면 관계를 지속하거나 더욱 발전시키게 된다.

인간관계의 네 번째 과정은 강화단계다. 인간관계에 대해 만족

감을 느끼게 되면 서로의 인간관계를 강화하기 위해 여러 가지 특징적인 행동 양식이 발생한다. 이 시기의 가장 두드러진 행동이 상대방의 사생활에 개입하기 시작하는 것이다. 친밀감이 생기기 전에는 그냥 보아 넘겼던 옷맵시나 말투 등에 대해 친밀감이 생긴 이후로는 직접적인 표현을 하면서 간섭하게 된다. 그뿐만이 아니다. 둘의 관계를 더욱 친밀하게 하기 위해 다른 사람들과의 관계가 소원해지기를 원하고, 독점을 하고 싶은 욕구도 생긴다. 그러다 보니 자연히 갈등이 증가하게 되며, 이러한 갈등을 어떻게 해결하느냐가 관계의 지속 여부를 결정하게 된다.

인간관계에서 생긴 갈등은 풀기 쉬운 문제가 아니다. 왜냐하면 갈등 당사자들이 인지적 왜곡을 하는 경우가 많기 때문이다. 자기가 중요하다고 생각하는 것을 상대방도 똑같이 중요하게 여길 거라고 믿는다거나, 자신의 목적이나 의도를 상대방이 잘 알고 있으리라고 지레 짐작한다거나, 자신의 주장은 항상 도덕적으로 옳고 공평하지만 상대방의 주장은 나쁘다고 생각한다거나, 사회적인 어떤 역할로 인해서 한 행동을 그 사람의 성격이 나빠서라는 둥 개인적인 특성으로 이유를 돌리는 것 등이 그 예다.

서로 바로 보아도 풀기가 어려운데, 인지왜곡까지 덧칠되니 인간관계에서 한 번 갈등이 생기면 푸는 게 여간 어렵지 않다. 더구나 문제의 원인이나 해결 과정이 단 두 사람의 관계에 한정되어 있다면 그래도 수월하겠지만, 여러 사람이 복잡하게 얽혀 들어 있으면 서로 이해타산까지 뒤섞여 악화일로를 걷기 십상이다. 그러니 좋았던 사이도 어떤 사안으로 인해 원수지간처럼 변하고, 나빴던 관계도 어느 결에 의기투합해 죽마고우처럼 친밀해지기도 한다. 변화무쌍한 게 인간관계다. 그러니 인생 오래 살아본 사람치고 "이 사람이 있어 세상 살 맛 난다"고 하던 바로 그 사람 때문에 "세상, 믿을 놈 하나 없다"며 한탄하는 경험을 안 해본 사람이 거의 없을 것이다.

작년에 작은 인터넷 홈페이지 개발 회사와 사이트 개편 계약을 맺었다. 소규모 업체인 만큼 회사 대표가 직접 계약 업무를 진행하고 개발 내용에 관해 협의했다. 서로 의견이 맞아 계약서를 쓰고 나자 사장은 함께 일하게 된 데 대해 감사의 메일을 보내왔다. 그러면서 감동어린 불경 구절을 말미에 적었다.

"함께 일하게 되어 기쁩니다. 처음도 좋고 중간도 좋고 끝도 좋았으면 좋겠습니다."

부처님께서는 법을 설하시면서 "내 법은 처음도 좋고 중간도 좋으며 마지막도 다 좋다"고 자신 있게 말씀하시곤 했다. 또한 부처님 법문은 "뜻도 있고 맛도 있으며, 범행을 원만하게 갖출 수 있다"고도 하셨다. 〈증일아함경 제7권 16. 화멸품(火滅品)〔7〕〉 등 곳곳에 나온다.

"처음도 좋고 중간도 좋고 끝도 좋았으면 좋겠다"는 문구를 대하는 순간, 그 업체에 대해 신뢰가 갔다. 처음은 좋은데 끝은 나쁜 경우가 얼마나 많은가? 이런 세상에서 이 회사는 처음도 중간도 끝도 좋게 하려고 성실히 노력해 주겠구나 하는 믿음이 생겼다.

동시에 은근히 긴장도 되었다. 처음도 좋고 중간도 좋고 끝도 좋으려면 상대방인 나 역시 신의를 지키며 일을 진행해야겠구나 하는 책임감 때문이었다.

부처님 법문처럼 우리네 인간관계도 처음도 좋고 중간도 좋고 끝도 좋았으면 좋겠다. 관계를 평가할 때, 내가 헌신한 만큼 우리 관계에도 만족했으므로 앞으로 더욱 친밀해지기를 원한다고 자신 있게 관계 지속과 발전을 선언할 수 있으면 좋겠다. 그러기 위해서는 건전한 긴장, 무한 책임감이 동반되어야 할 것이다.

제4장

‖

부처님이 CEO라면

다만 사람을 볼 뿐이다

　작은 출판사를 운영하는 사람의 얘기다. 최근 사업이 어려워져 규모를 줄여야 했다. 무엇보다 인건비 부담이 가장 커, 직원 몇 사람을 정리하기로 했다. 작은 회사라 직원들 역시 회사 사정을 뻔히 알 것이므로 사장의 처지를 십분 이해해 줄 것이라 생각했다. 읍참마속(泣斬馬謖)의 심정으로 오랫동안 함께 일했던 경력 사원부터 불러 정리를 통보하였다. 물론 어려운 회사 사정과 계속해서 함께 일하지 못하는데 대한 미안함도 전하였다. 그 어려운 속에서도 월급 밀리지 않고 주기 위해 무척이나 애써온 것도 말하고, 회사가 힘을 얻으면 다시 부르겠다는 약속도 했다.

　그러나 뜻밖에도 정리 대상 직원들의 반발이 심했다. 직원들은 회사 사정은 아랑곳하지 않고 "열심히 일했는데 왜 자르느냐"며 거세게 항의했다. 노동청에 진정을 낸 사람도 있고, "사장이 돈을 다 빼돌려 놓고 사업이 어려운 척 한다"며 허위 소문을 내고 다니는 사람도 있었다. 비리를 캐내 사장을 출판계에서 영원히 매장시키겠다며 협박하는 사람도 있었다.

이 일을 겪으며 그 출판사 사장은 자신의 인생에 커다란 회의를 느꼈다.

그는 그동안 인생을 꽤 괜찮게 살았다고 자부하고 있었다. 무엇보다 출판사를 운영하면서 회사를 가정처럼 따뜻하게 운영했고, 직원들도 자신의 마음처럼 회사를 아끼고 사랑하고, 사장인 자신을 존경할 것으로 생각했다.

그러나 자신들에게 불이익이 가자 갑자기 돌변하는 직원들의 태도를 보며 세상이 무서워졌다. 친밀하게 지낼 때 나누었던 대화를 왜곡해서 퍼뜨려 인신공격까지 해대는 직원들을 보며 '이게 사람 사는 세상인가' 하는 의구심마저 들었다.

"나는 '사람'으로서 그들을 대했는데, 그 사람들은 나를 이해관계로서 대한 것 같습니다. 내가 사장이기 때문에, 내가 월급 주는 사람이기 때문에 친밀한 척 한 것을 제가 괜찮은 사람이라서 그렇게 대하는 줄로 착각했습니다."

그는 허탈하게 말했다.

"나는 나름대로 인간적으로 교류하려 애썼는데 내게서 얻을 게 없다고 저렇게 매정하게 돌아서는구나."

그는 다시 결론처럼 말했다.

"내가 아무래도 세상을 짝사랑했나 봅니다."

직장에서 '상사와 부하, 동료는 모두 한가족'이란 말을 외치곤 한다. 그러나 액면 그대로 믿었다가는 실망하기 십상이다. 직장은 근로계약서를 쓰고 일하는 곳인 만큼 '계약관계'지, '가족관계'가 아니다. 가족관계란 잘못을 해도 받아들이는 끈끈하고 견고한 관계다. 계약관계는 계약한 내용에서 벗어나면 용납하지 않는 타산적 관계다.

사회는 바뀌었는데 우리네 가슴은 바뀌지 않아 마음고생을 하는 경우가 많다. 그 간극이 크면 클수록 삶은 더욱 각박하고 살벌해진다.

이렇게 볼 때 직장생활은 차라리 계약관계임을 인정하고 계약에 있는 내용만큼만 서로에게 기대하는 것이 바람직하다. 계약관계로 만난 사람들이 마치 끈끈한 혈육이라도 되는 양 가족애를 강조하다 보니 더 큰 기대를 하게 되고, 그만큼 더 실망하게 되는 것이다.

현대 사회는 어쩔 수 없이 직책이나 역할, 또는 계약 내용에 따라 만나게 된다. 그런 상황에서 맺어진 '관계'는 진심어린 마음을 기대하기가 어렵다. 이해타산에 따라 진실을 포장하기 때문이다. 그 위장된 진실을 모르고 자기 마음을 내어준 사람은 앞서 예를 든 출판사 사장처럼 허탈감과 배신감을 느낄 수밖에 없다.

그래도 사람들은 기대한다. 인간 대 인간의 만남을.

이런 타산적 사회에서도 인간을 인간으로 만나는 방법은 무엇일까?

외도 가섭이 부처님께 여쭈었다.

"어떻습니까? 고타마시여, 제가 이 법 가운데 출가하여 구족계를 받을 수 있겠습니까?"

부처님께서 가섭에게 말씀하셨다.

"만일 외도가 우리 법 가운데 들어와서 집을 떠나 도를 닦고자 한다면 마땅히 넉 달 동안 머무르면서 관찰하여 대중의 마음에 든 이후에야 출가하여 계를 받을 수 있다. 가섭아, 비록 이런 법이 있기는 하지만, 또한 그 사람을 보아서 결정할 뿐이다."

가섭이 여쭈었다.

"만일 외도가 불법 가운데 들어와서 범행을 닦으려고 한다면 마땅히 넉 달 동안 머무르면서 관찰하여 대중의 마음에 든 뒤에야 집을 나와 계를 받을 수 있다고 하셨습니다. 저는 이제 불법 가운데서 4년 동안 관찰하여 대중의 마음에 든 뒤에야 집을 나와 계를 받겠습니다."

부처님께서 가섭에게 말씀하셨다.

"내가 이미 다만 그 사람을 볼 뿐이라고 말하지 않았던가?"

〈장아함경 제16권 6.나형범지경(倮形梵志經)〉

외도 가섭과 부처님의 대화를 가만히 들여다보면 두 사람의 관점이 다름을 알 수 있다. 외도 가섭은 승가에 들어갈 수 있는 '제도'에 관심을 갖고 있고, 부처님은 제도보다는 '사람'에 더 비중을 두고 있음을 강조하고 있다.

결국 '사람을 만나는' 것은 부처님처럼 '다만 그 사람을 볼' 때 가능하다. 내가 남을 볼 때도 그렇지만, 남이 나를 볼 때도 그렇다. 나를 한 사람의 인간으로 보는지, 지위나 역할, 활용도를 보고 다가오는지를 알아볼 수 있는 혜안이 필요한 시대인 것 같다.

'다만 사람을 보고' 사람 대 사람으로 교류할 수 있는 세상이라면 얼마나 좋을까.

불한당이 되지 마라

상담심리전문가가 되기 위해 자격심사를 받을 때의 일이다. 심사관 한 분이 대답하기 힘든 질문을 했다.

"상담을 하면서 어떤 내담자가 가장 힘들던가요?"

그때 머릿속에 스쳐 지나가는 사람이 있었다. 몇 해 전에 만난 내담자였다. 40대 초반의 남자로 한 집안의 가장이었다. 그러나 직장생활을 제대로 해본 적이 없었다. 첫 직장은 못된 상사 때문에 그만두었고, 이후로 부인이 계속 이곳저곳 직장을 알선해 주었으나 들어가면 금세 나와 버리고 말았다. 이 사람은 유독 못된 상사만 만나고, 동료들조차 이상하게도 야비한 사람들만 만났다.

할 수 없이 가정경제는 부인이 책임을 지고, 본인은 취직 준비하느라 이 학원 저 학원 다니는 사이에 중년이 되어 버렸다. 어떤 분야에 흥미를 가졌다가는 얼마 안 가서 그 분야는 전망이 없다며 다른 직종을 알아보았고, 거기선 또 다시 다른 쪽을 기웃거렸다.

상담실을 찾게 된 것은 상담공부를 하기 위해서였다. 무슨 공부를 하면 되는지, 얼마나 하면 되는지, 전망은 어떤지 등에 대해 궁금해 했다.

그와 몇 회 상담을 하는 동안 내내 마음이 불편했다. 그는 세상에 대한 불만으로 가득 차 있었다. 자신은 잘났는데 재수가 없어서 못된 인간들만 만나 인생이 틀어졌다고 한탄했고, 세상이 자신을 알아주지 않는다고 원망했다. 상담자로서 그런 그의 심정을 공감하기보다 '세상이 알아줄 만큼 제대로 노력은 해 봤는가, 삶에 부딪쳐서 진지하게 살아본 적은 있는가' 하고 되묻고 싶은 마음이 불끈불끈 솟았다.

5회 상담을 하기로 하고 만났으나 그는 4회만 하고는 그만두었다. 상담자의 불편한 마음을 알아차려서인지, 아니면 무엇 하나 끝맺을 줄 모르는 그의 성향이 작용했는지 모를 일이었다.

그 내담자를 생각하면서 심사관에게 이렇게 대답했다.

"제게 제일 힘든 내담자는 무위도식(無爲徒食)하면서 세상이 자기를 알아주지 않는다고 원망하는 사람입니다."

현실요법의 창시자 윌리엄 글래써 박사는 『행복의 심리』라는 저서에서 이런 사람에 대해 다음과 같이 언급했다.

우리가 만나는 사람들 중에서 가장 알 수 없는 사람이 무위도식자다. 그는 처음에는 다른 사람들하고 관계를 잘 맺는다. 그러나 그와 가까워져 결혼하게 되면 심한 좌절을 하게 될 것이다.

무위도식자는 아주 천천히 자신의 모습을 드러낸다. 그는 사람을 직접적으로 괴롭히지는 않는다. 주변 사람은 그가 '하는 일'보다 그가 '하지 않는 일' 때문에 더 상처를 받게 된다.

무위도식자는 일할 능력이 있는 것처럼 보이고 한동안 직장에 붙어 있기도 한다. 그러나 몇 년을 버티지 못한다.

무위도식자는 학교를 좋아하는 경향이 있고, 영원한 학생이라고 불리는 집단에서 주로 발견할 수 있다. 때로는 자기가 하던 공부를 끝내기도 하지만 대체로 끝내지 못한다. 끝낼 때가 다가올 즈음에 그만두어 버리는 것이 무위도식자의 전형적인 태도다. 공부를 끝내고 나면 배운 것을 활용해서 일하러 가야 하기 때문이다. 일하러 가더라도 아무것도 하지 않는다.

무위도식자는 과거에 살면서 자기가 전에는 유능하고 일을 잘했다는 환상 속에서 사는 경향이 있다. 또한 있지도 않은 성취에 관해 말하는 것을 무척 즐긴다.

글래써는 무려 8면에 걸쳐 무위도식자의 특징을 말하면서, 이런 유형은 어느 누구와 결혼해도 맞지 않는 성격이라고 단언했다.

아는 불자가 고승께 "인생을 어떻게 살아가야 합니까?" 하고 여쭈었더니 "불한당(不汗黨)이 되지 마라"고 답하셨다 한다. '땀 흘리지 않는 인간'이 되지 마라는 말씀이었다. 땀 흘리지 않고 사는 것, 무위도식은 세상에 빚지는 일이기 때문일 것이다. 그래서 〈백장청규(百丈淸規)〉를 제정한 백장 선사께서 '일일부작(一日不作)이면 일일불식(一日不食)하라'고 하셨을 것이다.

부처님도 무위도식자로 몰린 적이 있다.

부처님이 어떤 농부 바라문이 밭을 갈고 나서 음식을 만들고 있는 곳에 탁발을 갔다. 그러자 바라문은 부처님께 물었다.

"나는 지금 밭을 갈고 종자를 뿌려 그것으로 먹고 살아갑니다. 존자 고타마 또한 밭 갈고 종자 뿌려(일해서) 살아야 하는 것 아니오?"

부처님은 다음과 같이 대답했다.

"나도 밭을 갈고 종자를 뿌려 그것을 먹고 살아갑니다."

"사문 고타마님이 보습이나 멍에, 호미 등을 사용하는 것을 본 적이 없는데, 스스로 밭을 갈고 종자를 뿌려 살아간다고 하시다니 무슨 말씀이오?"

부처님께서 게송으로 답하셨다.

"믿는 마음을 종자로 삼고
힘든 수행을 비[雨]로 삼으며
지혜를 보습 자루로 삼고
부끄러워하는 마음 멍에로 삼아
진실을 진정한 수레로 삼고
즐거이 머무르되 게으르지 않으며
이러한 농부는 감로 열매
빨리 얻게 되고
이러한 농부는 모든 존재[有]를 받지 않네."

그러자 바라문 농부가 감탄하며 말하였다.

"사문 고타마께서는 밭을 잘 가십니다. 참으로 밭을 잘 가십니다."

〈잡아함경 제4권 98.경전경(耕田經)〉

세속의 일만 일이 아니다. 수행을 하는 것도 훌륭한 일임을 부처님은 농사에 비유해 말씀하셨다.

어찌 농사에 견주랴. 그 어떤 농사보다 수승한 열매를 맺는 것이 수행임을 부처님은 이 경을 통해 알려주고 계신다.

땀을 흘리되, 깨달음을 위해 흘리는 땀이 제일 값진 땀일 것이다.

윗사람을 모실 때는 아난 존자처럼

　서울시내 어느 회사에서는 점심 때면 구내식당을 개방한다. 싸고 맛있는 메뉴가 소문나 그 회사의 직원은 물론 이웃 회사의 직원들, 그리고 건물을 드나드는 외부인까지 찾아와 부담 없이 한끼 식사를 하고 간다. 그래서 점심시간이면 여느 유명 식당 못지않게 북적거린다.

　어느 날 근처에 볼일이 있어 갔다가 점심을 먹으러 그 회사 구내식당을 찾았다. 그러자 경비원이 식당에 들어서는 사람들 앞을 막아섰다.

　"오늘 새로 오신 사장님께서 여기서 식사하시니 조용히 들어가서 식사하세요."

　그는 매우 경직된 자세로 주의를 주고 나서야 들여보내 주었다. 구내식당 안에 들어가 보니 평소와 달리 자리가 거의 비어 있었고, 밥을 먹고 있는 사람들의 표정도 그리 편치 않아 보였다. 전에는 식사를 하면서 담소도 나누곤 했는데 그 경비원의 주의 때문인지 꾸역꾸역 밥만 퍼먹었다. 옆 식탁에서 하는 말을 듣자니 전날에는 새 사장님이 행차하신다고 하급 직원과 외부인의 출입을 아예 막았다고 한다.

얼마 후 새로 부임한 사장으로 보이는 분이 칸막이 안쪽에서 식사를 마치고 나왔다. 그분은 만면에 미소를 띠고 식사중인 사람들에게 일일이 인사를 한 다음 맛있게 잡수시라면서 악수까지 하였다. 일이 돌아가는 모양을 보니 새 사장은 일반 직원, 이웃 회사 직원이나 외부 손님들과 좀 더 친해지고 싶은 마음에서 구내식당을 이용한 듯했다. 그런 상급자의 선의를 제대로 헤아리지 못한 경비원이 잘해보겠다는 마음으로 식당 이용자들에게 괜한 주의를 줌으로써 퇴색시켜 버린 셈이었다.

이렇게 아랫사람의 과한 충성심이 윗사람의 의지와 상반돼 역효과를 내는 경우가 많다. 그러므로 윗사람을 모실 때는 그분의 진정한 의도가 무엇인지 잘 헤아리고 따라야 할 것이다. 특히 윗사람을 가장 가까이서 모시는 위치에 있는 사람은 더욱 그렇다.

부처님의 시자로서 부처님이 열반에 드실 때까지 가까이서 모신 아난다는 이런 '아랫사람'의 도리를 다 한 모범 케이스다. 아난다를 부처님의 시자로 추천한 사람은 목건련이었다. 아난다는 처음에는 그런 어려운 일을 감당할 수 없다고 사양했으나 여러 장로들이 거듭 부탁하자 마침내 수락했다. 시자의 소임을 맡으면서 아난다는 세 가지 조건을 내놓았다.

"제가 부처님을 모시되 첫째, 부처님이 입으시던 옷은 새것이든 헌 것이든 절대로 제가 입지 않겠습니다. 둘째, 부처님께서 신도의 집으로 공양 초청을 받아 가실 때에는 결코 따라가지 않겠습니다.

셋째, 특별한 일이 없을 때에는 부처님 곁에 있지 않겠습니다. 이 세 가지를 허락하신다면 시자의 소임을 맡겠습니다."

아난다는 이 세 가지 맹세를 통해 부처님의 법은 이어받을지언 정 시자임을 빙자해서 권세를 부리거나 재물을 탐내지는 않겠다는 의지를 분명히 했다. 부처님을 모시는 일에 삼가고 조심하겠다는 깊은 뜻을 표명한 것이다.

그런 아난다였지만 약간 '오버'를 한 때도 있었다.

그때 세존께서 존자 아난다에게 말씀하셨다.

"나는 오늘 밤에 무여열반으로 들 것이다."

그때에 수밧다 외도는 세존께서 그날 밤 열반하신다는 말을 듣고 '내게는 의심이 있고 바라는 것이 있다. 세존께 나아가 의심되는 것 을 물어보리라.' 하고 세존께 갔다. 수밧다는 동산 밖에서 거닐고 있 는 존자 아난다에게 부처님을 뵙게 해달라고 청했다. 두세 번이나 거 듭 청했으나 아난다는 계속 거절하였다.

"수밧다여, 세존을 괴롭히지 마라. 세존께서는 지금 몹시 피로해 계시다."

그때 세존께서는 하늘귀로 아난다와 수밧다가 주고받는 말을 들으 시고 아난다에게 말씀하셨다.

"수밧다 외도를 막지 마라. 들어와 그 의심되는 바를 묻게 하라. 수밧다여, 잘 왔노라.…"

〈잡아함경 제35권 979.수발타라경(須跋陀羅經)〉

아난다로서는 곧 열반에 드실 부처님의 건강 상태를 염려해서 수밧다를 막았으나 부처님의 뜻은 그와 반대였던 것이다.

이렇게 부처님을 그림자처럼 시봉한 아난다도 부처님 뜻을 제대로 읽지 못하는 경우가 있었으니, 윗사람을 모시는 것은 참으로 쉽지 않은 일이다. 특히 권력과 부를 가진 사람의 아랫사람은 더욱 그러하다. 삼가고 조심하는 마음을 늘 잊지 말아야 할 것이다.

네 탓이오

몇 년 전에 다른 종교에서 '내 탓이오' 운동을 한참 벌였다. 어떤 일이 잘못됐을 때 남의 탓으로 돌리지 말고 나부터 반성하자는 뜻이었다. 남의 핑계 대고, 남의 잘못부터 지적하는 우리 풍토에 경종을 울리는 신선한 캠페인이었다.

당시 '내 탓이오' 캠페인을 하는 사람들은 홍보 스티커를 만들어 곳곳에 붙였다. 그런 모습을 보던 어느 날 자동차 운전을 하고 가던 중 묘한 감정을 느꼈다. '내 탓이오' 운동에 동참하는 사람들이 자동차의 뒤창에 '내 탓이오' 스티커를 붙이고 다녔기 때문이었다. 정작 스티커 붙인 사람 스스로가 반성하는 게 아니라 뒤에서 따라가는 차 운전자한테 '내 탓이오'를 하라는 메시지가 돼 버리고 말았다.

결국은 '네 탓이오'였다.

어느 회사를 방문했을 때였다. 내부 갈등이 있는지 사내 분위기가 서늘했다. 어느 층에 이르자 회사 중견 간부들의 방이 나란히 자리 잡고 있었다. 무슨 본부장, 무슨 실장의 명패가 방마다 달려 있었다. 한 간부의 방문 앞에는 붓글씨로 정성들여 쓴 금구가 붙어 있었다.

"이익을 분에 넘치게 바라지 마라.
이익이 분에 넘치면 어리석은 마음이 동하여
반드시 부당한 이득이 나를 해치게 되나니
그래서 성인이 말씀하시되
'적은 이익으로써 부귀를 삼으라' 하셨느니라."

자세히 보니 〈보왕삼매론(寶王三昧論)〉 십대애행(十大碍行) 가운데 아홉번째 항목인 '견리불구첨분(見利不求霑分)'이었다. 좋은 뜻에 지당한 말씀이었다.

그런데 복도에 잠시 서서 읽는 동안 '내 탓이오' 스티커가 자동차 뒤창에 붙어 있는 모습을 볼 때처럼 씁쓸한 기분이 들었다. 그 방의 임자가 자기 스스로 '이익을 분에 넘치게 바라지 않겠다'는 마음으로 글귀를 적었다면 자신의 방 안에 붙여 놓았을 것이다. 문에 써 붙인 것을 보면 자신이 지키기보다는 누군가가 보고 반성하라는 의미를 내포한 것 같았다. 그렇다면 '내 탓이오'가 아니라 '네 탓이오'인 셈이다.

어떤 일이 생겼을 때 그것이 불쾌하고 힘든 일이면 대부분 처음에는 남 탓을 하게 된다. 그러다가 안 되면 운명을 탓하기도 한다. "재수가 없어서…" 하고 치부하기도 하고, 불교인이라면 "내가 전생에 무슨 죄를 지었나…" 하고 전생으로 원인을 돌리기도 한다. 그러고 말면 결국은 '내 탓이오'를 못하는 것이다. 자기 자신을 성찰하지 못하게 되고, 그 사건으로부터 배우는 것이 없다.

괴로울 때 그 괴로움이 일어나는 양상을 찬찬히, 인내심 있게 지켜보고 괴로움의 원인까지 들여다봐야 비로소 자기 성장이 된다. 괴로움이 있음에도 없다고 부정하거나 아예 인식조차 안하고 무의식 저 안으로 밀어 넣으면 정신분석학에서 말하는 방어기제 가운데 하나인 '부인(denial)' 또는 '억압(repression)'이 된다. 남의 탓이나 운명으로 돌리면 또 다른 방어기제인 '합리화(rationalization)'를 동원하는 것이다.

우선 자기 안의 괴로움부터 직시할 줄 알아야 한다. 그래서 부처님은 괴로움을 바로 보는 것을 괴로움의 거룩한 진리〔고성제: 苦聖諦〕라고 하셨다. 괴로움을 바로 보는 것, 그것이 '거룩한' 진리라고 하신 것이다.

괴롭다는 것을 인식하는 것도 쉬운 일이 아니다. 특히 세상을 떳떳하게, 자신감 있게, 온갖 역경을 딛고 살아온 사람일수록 자신이 고통스럽다, 마음이 괴롭다는 것을 인정하기 어렵다.

'내가 이 만한 일로?'

'이런 것은 내가 겪어온 세월에 비하면 아무것도 아니야.'

이렇게 자위하며 고통스런 현재를 인정하지 않고 저만치 치워두려 한다. 그럴수록 몸과 마음은 더욱 괴로워질 수밖에 없다. 당장에는 부인하여 잊을 수 있지만 무의식 저편에 자리 잡은 괴로움은 두고두고 남아 부정적 에너지로 작용하게 된다.

그래서 수행자들은 그 괴로움을 잘 바라보라 한다. 마음의 고통을 충분히 경험하라고 한다. 피하려 들지도 말고 억누르지도 말고, 있는 그대로 바라보라 한다. 엄마가 아이를 보살피듯 그 미어지는 마음을 안아 주라고 한다. 그렇게 했을 때 괴로움은 더 이상 괴로움이 아니라, 인생에서 일어난 여러 사건 가운데 하나가 된다.

그런 다음에 할 일은 그 원인을 캐어 보는 작업〔집성제: 集聖諦〕이다. 괴로움의 원인을 캐려면 '네 탓이오'를 해서는 안 된다. 이때야말로 '내 탓이오'로 돌아가야 한다. 비록 '네 탓'이 99.9퍼센트고 '내 탓'이 겨우 0.01퍼센트라 하더라도 그 안에는 분명 '내 탓'이 들어 있다. 또한 여기에 문제 해결의 열쇠가 들어 있다.

제대로 보게 되면 '내 탓'의 비율이 0.01퍼센트가 아니라 10퍼센트, 20퍼센트 아니 99.9퍼센트로 늘어나게 될 수도 있다. 내 탓을 바로 볼 용기를 얻게 하는 것, 그런 후 마음을 다스리고 새로운 나로 살아가게 하는 것, 그것이 바로 상담의 역할이다.

직장에서 인정받는 비결

"제가 요즘 7시 50분까지 출근하는 것을 즐겁게 자~알 하고 있습니다. 누가 들으면 그게 뭐 대단하냐 하겠지만 제게는 남다른 의미가 있습니다.

'일은 아주 잘하는데 근태에 문제가 있다.'

이것이 저에 대한 직장 상사들의 평이었습니다. 이 때문에 지난번 구조조정에서 직장을 잃어버릴 위기에 처했던 것입니다.

제 직장생활을 뒤돌아보니 근태가 썩 좋지 않았습니다. 지각을 자주 했지요. 사실, 저는 지각을 하면 야근을 하면서 지각한 것에 대한 보상을 하면 된다고 생각했지요. '일만 열심히 하면 조금 늦게 나오더라도 개의치 않는 상사나 회사가 훌륭한 상사이며 좋은 조직'이라는 주장이 제 마음속에 고집스럽게 자리 잡고 있었습니다.

그런데 선생님이 권해준 책의 한 부분이 저를 돌아보게 했습니다. 직장에서 인정받는 비결은 간단하다는 내용이었습니다. 그것은 '직장 상사나 조직이 싫어하는 것을 하지 않으면 된다'는 것이었지요.

내가 왜 이렇게 쉽고 간단한 길을 버리고, 스트레스 받고 힘든 길을 선택했을까? 여기까지 생각이 미치자, 그간의 제 행동이 너무도 어리석었다는 것을 깨닫게 되었습니다. 그러면서 한편으로 이런 잘못된 생각을 뒤집고 고치는 것 또한 그다지 어렵지 않다는 생각이 들었습니다.

이렇게 마음을 고쳐먹자 회사 출근시간을 제대로 지킬 수 있었습니다. 오늘은 30분이나 일찍 왔습니다. 아무도 없는 사무실에 들어와 책상 정리하고 오늘 할 일을 챙기고 나니 기분이 아주 상쾌합니다. 그러고도 시간이 남아 이렇게 메일을 쓰는 것입니다."

직장문제로 상담을 했던 내담자가 보내온 메일이다. 이 사람은 유능하고 일도 열심히 하며, 대인관계도 괜찮지만 회사에서 별로 인정을 받지 못해 실직을 할 뻔한 위기에 처해 있었다. 이유는 근무태도였다. 편지 내용에도 나와 있듯이 거의 매일 지각을 하는 것이 습관이었다. 늦잠을 자느라 그런 것이 아니었다. 일어나는 시각과 관계없이 늘 지각을 했다. 그래서 함께 그러한 행동의 밑에 깔린 생각을 찾아보았다. 인지행동치료에서 말하는 '비합리적인 신념' 찾기였다. 그러한 과정에서 내담자가 '출근시간 지키기와는 상관없이 일만 잘하면 인정해 주는 회사가 진짜 좋은 조직'이라는 강한 신념을 갖고 있다는 것을 알게 되었다. 이를 다시 더 파고들어가 보면, 형식보다는 내용이 중요하다는 것으로 정리할 수 있으며, 한 발 더 나아가 내용(만)을 중요시해야 좋은 조직이고, 형식(까지)도 따진다면 나쁜 조직이라는 신념까지 깔려 있음을 알 수 있다. 그러니까 지각을 하지 않아도 될 만한 상황에서도 무의식적으로, 좀 더 극적으로 표현하면 '무의식적으로' '일부러' 지각을 했던 것이다. 왜냐하면 그래야 자신이 형식보다는 내용으로 승부를 거는 사람이라는 신념과 일치하기 때문이다.

그러나 '출근시간 지키기'라는, 내담자에게는 하찮게 여겨지는 형식 지키기를 하지 않음으로써 내담자는 커다란 불이익을 당해 왔다. 상사와 동료 직원들에게 성실치 못한 사람이란 인상을 심어 주었고, 그 때문에 신뢰를 잃었다. 내담자로서는 늦은 데 대한 보충으로 야근을 하느라 스스로 스트레스를 받았고, 그래도 인정해 주지 않는 데 대한 불만이 쌓여 갔다. 그리하여 결국 실직의 위기까지 맞게 되었던 것이다.

'이유 없는 반항'을 하는 게 젊은 시기다. 그러나 인간은 나이에 따라, 사회적 위치에 따라 그에 맞는 적응을 해 나가야 한다. 이를 심리학 용어로 '심리-사회적 발달'이라고 한다. 이러한 발달 과정에서 자신의 나이와 역할에 걸맞게 발달하지 못하면 정체하게 되고, 결국 도태당하고 만다.

직장인이라면 직장인에게 요구하는 역할을 제대로 수행해야 한다. 어느 직장이든 첫 번째 기본 규칙이 출퇴근시간 지키기다. 퇴근시간은 업무량이나 역할에 따라 융통성이 많지만, 출근시간은 어느 회사에서든 엄격히 관리한다. 왜냐하면 일을 시작하는 시간이기 때문이다. 그보다 더 큰 역할은 그 조직의 가장 기본적인 규칙을 지키느냐 않느냐의 문제이기 때문이다. 일의 내용만 따지는 직장이라면 모르되, 규칙을 서로 지켜줘야 하는 하나의 '조직'이라면 출근시간 지키기는 매우 '중요한 업무'일 수도 있다. 그렇기 때문에 예를 든 내담자 역시 '형식은 별로 중요치 않다'는 신념을 갖고 있으면서도 지각한 데 대한 보충을 하기 위해 야근을 해야겠다는 생각이 무의식적으로 들었을 것이다.

〈잡아함경 906.법손괴경(法損壞經)〉을 보면 마하가섭과 부처님이 계율 지키기에 관해 대화를 나누는 장면이 나온다. 부처님은 계율을 엄격하게 지키라고 강조하시고, 마하가섭은 그에 대해 불만을 토로하는 내용이다. 이 경에서 부처님은 "상좌 비구든 어린 비구든 계를 지키지 않으면 칭찬하지 않는다"고 말씀하셨다. 왜냐하면 "다른 비구들이 계를 안 지키는 것을 옳은 줄 알고 따라 할 수 있기 때문"이라고 하셨다. 또한 "바른 법이 사라지고, 법 아닌 것을 법이라 하고 계율 아닌 것을 계율이라 하게 되기 때문"이라고 하셨다.

비구승단을 이끈 부처님께서 계율을 강조하셨듯이, 조직에서도 조직의 기본 규칙을 지켜줄 것을 요구한다. 비구승단에서 계율을 지키는 이유는 그래야 '깨달음을 이루겠다는 목표 달성에 도움이 되기 때문'이고, 조직에서 규칙을 지키는 이유는 그래야 '이윤 추구 등 조직의 목표 달성에 도움이 되기 때문'이다.

신경증적으로 형식에만 매달릴 필요는 없지만, 조직을 지켜나가고 효율성을 높이기 위해 갖춘 기본 형식은 지켜 주는 게 구성원의 기본 의무일 것이다. 메일을 보내온 내담자의 말처럼 굳이 조직이나 상사가 싫어하는 일을 하면서, 스스로도 스트레스 받아가며 산다는 건 어리석은 짓 아니겠는가.

일단 한 번 해보시라니까요

닭이 먼저냐 달걀이 먼저냐는 비유가 있다. 세상사에는 이렇게 선후를 밝히기 모호한 일이 많다. 얼마 전에 상담실을 찾아왔던 내담자와 이러한 선후 문제 때문에 함께 고민한 적이 있다.

20대 후반의 여자였다. 내담자가 입사할 때나 지금이나 취업난은 여전했다. 대학을 졸업하고도 취직자리가 마땅치 않아 여기저기 기웃거리던 그는 할 수 없이 중소기업에서 고졸 학력의 사무보조원을 뽑을 때 응시했다. 처음에는 취직이 된 것만으로도 감지덕지했으나, 한 해 두 해 직장생활을 하면서 회의를 느끼게 되었다. 자신이 하는 일에 보람을 느끼지 못했기 때문이었다. 그가 맡은 일은 차 대접이나 복사, 문서 수발, 사무비품 구입 등 잔심부름 같은 일과 문서 작성을 대신하는 것이 고작이었다. 일을 해도 성과가 별로 보이지 않는 반면, 일을 하지 않으면 안한 티만 크게 났다.

점차 불만을 갖기 시작한 그는 하루하루의 직장생활이 지옥 같았다. 누군가 바쁘게 일 처리하느라 복사를 부탁하면 나를 어떻게 보고 이런 허드렛일을 시키나 하는 생각에 "자존심이 땅에 떨어졌고" 누군가 "복사 용지가 없네요" 하면 자신이 무능력하다고 비판하는 것 같아 견딜 수가 없었다. 자연히 얼굴을 찌푸리게 되고, 입에선 불평이 떨어지질 않았다. 그러다 보니 상사와 동료 직원들이 그를 불편해 하게 되었다.

어느 날 직장 상사가 불렀다. 상사는 온정적인 표정으로 물었다.

"회사에 무슨 불만이 있습니까?"

"아니면 내가 무슨 잘못이라도 했습니까?"

"그것도 아니면 직장 동료들이 괴롭히기라도 합니까?"

모처럼 온 기회인데 내담자는 대답을 할 수가 없었다. 불만이 없어서가 아니었다. 너무도 많아 목까지 차올랐다. 그래서 말이 나오지 않았다.

우선, 자신이 비록 고졸 사원을 뽑을 때 응시해서 입사했지만 이력서에 괜찮은 대학 졸업생임을 명기했음에도 알아주지 않는 회사가 원망스러웠다. 회사에서 알아서 다른 대졸 사원처럼 전문성 있는 일을 맡겨 주었어야 하는 것 아닌가 하는 생각이 들었다. 자신에게 관심도 배려도 전혀 안 해 주는 회사가 야속하기만 했다.

상사 역시 그랬다. 이제 와서 새삼 자기가 무슨 잘못이라도 했느냐고 묻다니…. 여태까지 자신의 잘못을 모른단 말인가? 자신의 부하가 회사에서 아무런 기회도 받지 못하고 부당한 대접을 받고 있다는 걸 모르고 있다는 말인가? 부하 직원에게 저렇게 무심한 사람이 어떻게 높은 자리에 올랐는지 이해가 가지 않았다.

동료 직원들 역시 밉기는 마찬가지였다. 자신이 자기들과 똑같은 대학 출신이고, 자신들이 하는 일을 못해서 안하는 게 아니라 회사에 들어올 때의 신분 때문에 잡일을 하는 건데, 마치 자기들은 귀족이고 내담자는 하인인 것처럼 "부려먹는" 것이 "비인간적"으로 느껴졌다.

목이 메어서 말을 못하고 있던 내담자는 한참 후에야 울면서 말을 꺼냈다. 그간의 억울함이 봇물처럼 터져 나왔다. 한참 울다가 자신도 다른 직원들처럼 스스로 기획해서 책임지고 보람도 느낄 수 있는 전문적인 분야에서 일하고 싶다는 바람을 겨우 말했다.

다 듣고 난 상사가 말했다.

"OO씨가 좋은 대학을 졸업한 인재라는 것 알고 있었어요. 그래서 자신이 맡은 업무를 잘 해내면 일반 사무원으로 승진시키려고 마음먹고 있었어요. 하지만 자신의 일에 별로 열의가 없어 보이더군요."

그러면서 상사는 앞으로 맡은 업무를 잘 수행하면 승진을 고려해 보겠다고 말했다.

사연을 듣고 있는 상담자로서는 이쯤 되면 상사와 대화가 잘 통한 것이라는 생각이 들었다. 그러나 내담자는 달랐다. 현재 맡은 직무에서는 일에 열성을 가질 수 없다는 것이었다. 회사에서 먼저 승진을 시켜줘야 책임감 있게 일할 의향이 생길 거라는 것이었다. 내담자는 자신이 그렇게까지 말했는데도 현재 직책에 머물러 '먼저' 지금 일에 충실하라고 하는 회사와 상사가 너무도 섭섭하다는 것이었다.

"먼저 일을 잘하라, 그러면 승진시켜 주겠다"는 게 회사 입장이고, "먼저 승진시켜 달라, 그러면 일을 잘 하겠다"는 게 내담자의 입장이었다.

여기서 옛 이야기에 나오는 스님의 지혜가 언뜻 떠올랐다.

시어머니를 미워하는 며느리가 스님을 찾아왔다. 시어머니가 너무 꼴 보기 싫어서 일찍 죽었으면 좋겠다는 것이었다. 그러자 스님이 약을 지어 주었다. 그 약을 국에 타서 한 달만 먹이면 시어머니가 서서히 죽을 것이라고 했다.

며느리는 집에 돌아와서 매일 국에다 몰래 약을 탔다. 시어머니가 독약 맛을 모르게 하려고 국을 아주 맛있게 끓였다. 그리고 동네 사람들에게 자신이 죽였다는 의심을 사게 될까봐 평소와 달리 일부러 곰살맞게 굴기도 했다.

그로부터 한 달 후, 며느리가 다시 스님을 찾아왔다. 지난번과는 정반대로 시어머니를 살려달라는 것이었다. 그렇게 좋은 분을 자신이 왜 그렇게 미워했는지 모르겠다며 몰래 약을 타서 죽어가게 만든 것을 후회했다.

그러자 스님이 껄껄 웃었다.

"그건 약이 아니라 밀가루였네."

며느리가 시어머니를 죽이려고 맛난 국을 끓여 드리고, 의심 살까봐 친절히 대하다 보니 시어머니도 며느리 대하는 게 달라졌고, 그러다 보니 둘이 정이 들어 죽이고 싶은 마음이 싹 사라졌던 것이다.

이야기를 예로 들어주자 내담자는 금세 그 뜻을 알아차렸다.

"먼저 행하라는 말씀이군요"

이후로 내담자는 근무 태도를 바꾸었다. 그러자 하찮고 비루하게만 여겼던 보조원의 업무도 나름대로 재미가 있고 보람도 느껴졌다.

"이제 일하는 재미가 나요. 일이란 게, 그 자체에 재미가 있는 것이더군요. 거기서 가치 따지고 중요도 따지고 하느라 제 자신을 괴롭혀온 게 어리석었지요"

상담을 마무리할 무렵 찾아온 내담자의 얼굴에서 어두운 그늘이 가시고 환한 빛이 났다. 스님한테서 독약이 아니라 밀가루였다는 말을 들은 옛이야기 속의 며느리 표정도 이렇지 않았을까?

부처님이 CEO라면

1990년대 초반 중국 교포 부부가 방한했다. 이들은 직장에 6개월 휴가를 내고 한국에 와서 공장에 다녔다. 어떻게 6개월씩이나 휴가를 낼 수 있느냐고 물으니까 중국에서는 이런저런 명목의 휴가를 합치면 '합법적'으로 1년에 6개월 정도의 휴가를 낼 수 있다고 하였다. 부모 생신이라 하여 보름 휴가를 받을 수 있다니 그럴 만도 했다. 게다가 중국의 직장은 이른바 '철밥통'이어서 평생을 보장받는다고 한다.

두 사람은 6개월 동안 한국 공장에서 밤낮으로 일한 뒤 집 한 채 값을 벌어 돌아갔다.

우리나라의 직장도 예전에는 거의 평생 보장을 해주었다. 특별한 잘못을 하지 않는 한 때 되면 호봉이 올라가고 승진도 되었다. 그러나 IMF 체제를 겪은 이후는 달라졌다. 이제는 평생을 보장받으리라 믿는 사람도 없고, 그런 아량을 베푸는 사업주도 없어졌다.

그렇지만 여전히 인사권을 발휘하는 위치에 있는 사람들은 아랫

사람에게 상벌을 내릴 때면 스트레스를 받기 마련이다. 경제 위기 때 많은 부하를 해고해야 하는 입장에 있던 중간 간부가 그 스트레스를 견디지 못하여 사표를 낸 경우도 있었다. 부하들을 자르느니 차라리 자신이 그만둔 것이었다.

자비로운 부처님께서 이 시대에 다시 태어나 CEO가 되었다면 어떠했을까?
〈잡아함경 제32권 909.조마경(調馬經)〉을 통해 추측해 볼 수 있다.

　　부처님께서 말 다루기 촌장에게 물었다.
　　"말을 다루는 데에는 몇 가지 법이 있는가?"
　　말 다루기 촌장은 대답하였다.
　　"세 가지 법이 있나이다. 그 셋이란 첫째는 부드러움이요, 둘째는 굳셈이며, 셋째는 부드러우면서 굳세기이옵니다."
　　"만일 그 세 가지 법으로도 말이 길들지 않을 때에는 어떻게 하는가?"
　　"곧 죽여 버리나이다."
　　촌장이 부처님께 여쭈었다.
　　"부처님께서는 몇 가지 법으로 사람을 다루시나이까?"
　　"나 또한 세 가지 법으로 사람을 다루느니라. 첫째는 부드러움이요, 둘째는 굳셈이며, 셋째는 부드러우면서 굳세기이니라."
　　"만일 그 세 가지 방법으로 다루더라도 사람이 길들지 않을 때에는 어떻게 하시나이까?"
　　"세 가지 법으로도 길들지 않으면 죽여 버린다. 왜 그러냐 하면 내

법이 업신여김을 받지 않게 하기 위해서이니라."

촌장은 다시 부처님께 사뢰었다.

"부처님 법에서는 살생을 금하고 있습니다. 그러므로 살생을 하지 말아야 할 것입니다. 그런데 지금 길들지 않으면 죽여 버린다고 말씀하십니까?"

부처님께서는 촌장에게 말씀하셨다.

"네 말과 같다. 여래 법에서는 살생은 나쁜 것이다. 따라서 여래는 마땅히 살생을 하지 말아야 할 것이다. 그런데 촌장이여, 세 가지 법으로 사람을 다루어도 그가 길들지 않으면 나는 다시는 그런 자와 더불어 말하거나 가르치거나 훈계하지 않느니라. 촌장이여, 만일 여래가 사람 다루기 장부로서 다시는 더불어 말하지 않고 가르치거나 훈계하지 않으면 그것이 어찌 죽이는 것과 같지 않겠는가."

촌장은 사뢰었다.

"만일 다루기 장부로서 더불어 말하거나 가르치거나 훈계하지 않으면 그것이야말로 진실로 죽이는 것이옵니다."

부드러움과 굳셈, 부드러우면서도 굳세기로 다루다가 그래도 길들지 않으면 죽여 버린다—. 길들지 않으면 부처님께서도 과감히 '살생'을 하셨다. 그 이유는 "법이 업신여김을 받지 않기 위해서" 였다.

잔인하게 들릴 수도 있는 이 말씀이 오늘날 CEO들에게는 참으로 요긴한 가르침일 것이다.

제5장

‖

"다음번엔 잘 해드릴게요"

다음번엔 잘 해드릴게요

눈병이 한창 유행할 때였다. 나도 예외 없이 걸려들어 한동안 안과 신세를 졌다.

내가 진료 받으러 다니던 곳은 40대 초반의 여의사가 운영하는 개인 병원이었다. 원장이 어느 종교의 독실한 신자인 듯 경전의 문구를 적은 액자가 여러 개 걸려 있었다. 같은 종교를 믿는 건 아니지만 한 종교의 신앙인이므로 다른 의사들보다 환자를 더 성심껏 대해 주겠지 하는 믿음이 절로 생겨났다.

짐작대로 그 의사는 환자를 정성스레 돌봐 주었다. 안질환의 원인과 치료법, 완치 후 재발 예방방법까지 상세하게 일러주었다. 병의 원인은 물론 경과조차 환자가 물어봐야 마지못해 알려주는 여느 의사들과 달랐다. 일주일이 넘게 병원을 오가느라 번거로웠지만 의사의 친절 덕분에 그런 귀찮음을 어느 정도 잊을 수 있었다.

그러나 치료가 끝나갈 무렵 그 의사한테 실망을 하고 말았다.

그날도 환자가 많았다. 조금이라도 시간을 절약하려고 병원 문이 열리는 시각에 맞추어 갔지만 벌써 일고여덟 명이 와서 기다리고 있었다. 내 차례가 오려면 한 시간 가까이 기다려야 했다.

나는 별 수 없이 대기실에서 무료하게 잡지를 넘기면서 순서를 기다렸다. 40분쯤 흐르자 내 앞에는 두 명만 남았다. 내 뒤에는 예닐곱 명이 더 와서 자기 차례가 오기를 기다리고 있었다.

그때였다. 밖에서 떠들썩한 소리가 나더니 여자 셋이 커다란 목소리로 수다를 떨며 들어왔다.

"잘 있었어, 미스 박?"

그들은 호들갑스럽게 접수창구에 있는 간호사한테 아는 체를 하더니 거침없이 진료실 안으로 들어갔다.

"어서들 와."

안에서 세 여자를 반기는 의사의 목소리가 들려왔다.

그들이 들어간 뒤로는 아무리 기다려도 진료실에서 다음 차례의 환자를 부르지 않았다. 진료실 안에서 무얼 하는지는 여자들의 큰 목소리가 밖으로 새어 나와서 어렴풋이 짐작할 수 있었다.

"내가 뭐랬어. 선글라스도 안경인데 길거리에서 함부로 사서야 되겠어?"

"멋만 생각해선 안 된다구. 안과에 와서 제대로 검사하고 써야 하는 거야."

그들은 선글라스를 맞추기 위해 시력 검사를 받으러 온 듯했다. 무슨 이유에서 왔든, 그들은 먼저 온 사람 십여 명이 치료 받기 위해 기다리고 있는 줄 뻔히 알면서도 의사와 안면이 있다는 '백'으로 새치기를 한 것이었다. 의사 또한 다른 환자들이 오랜 시간 동안 대기하고 있는 걸 모를 리 없는데 그들의 시력검사를 먼저

해 주고 있는 중이었다.

그대로 참고 넘어갈 수가 없었다. 그래서 진료실 문을 두드렸다.

"순서대로 진료해 주셔야지요. 아까부터 기다리고 있는 사람들이 있는데 아는 사람이라고 해서 먼저 들여보내도 되는 겁니까?"

"맞아요. 저 사람들은 도대체 뭡니까?"

내 항의에 대기실에 있던 다른 환자들이 합세했다.

"죄송합니다. 죄송합니다."

의사는 그제야 얼굴을 붉히며 사과했다. 그러고는 다음 환자를 호명했다.

그 다음 번이 내 차례였지만 치료를 받지 못하고 올 수밖에 없었다. 직장 일로 돌아가야 했기 때문이었다.

그날 오후에 그 의사한테서 전화가 걸려 왔다.

"아까는 죄송했습니다. 오랫동안 기다리셨는데 치료도 못 받고 돌아가시게 해서요. 그애들이 워낙 친한 친구들이라서요."

일부러 전화까지 해준 성의에 공연히 미안해져서 괜찮다고 하려는데 의사의 다음 말이 이어졌다.

"다음에 오시면 잘해 드릴게요. 기다리시지 않게 특별히 다른 분들보다 먼저 치료해 드릴게요."

순간 나는 그 의사에 대해 아득한 절망감이 들었다. 그가 내 항의의 본뜻을 잘못 알아듣고 있었기 때문이었다. 나는 순리대로 먼저 온 사람은 먼저 치료해 달라는 것이었다. 그러나 그 의사는 나 역시 자기 친구들처럼 다른 사람들 제치고 특별대우 받기를 원하는 걸로 받아들인 것이었다. 한심하고 답답하고 기가 찬 노릇이었다.

나는 할 말을 잃었다. 너무도 기본적인 것에서 의사소통이 안 되는 데 대해서 뭐라고 설명해야 할지 두서를 찾을 수가 없었다.

"제가 언제 특별대우를 해 달라고 했습니까? 순서를 지켜 달라는 말이지요."

전화를 끊고 한참 지난 다음에야 이런 말이라도 했어야 했는데, 하는 생각이 들었다.

요즘 종교 차별에 대한 불평의 목소리가 높아지고 있다. 지방자치단체장들이 공무를 수행하면서 부적절하게 자신의 종교를 내세우고, 학교에서조차 특정 종교를 믿을 것을 강요하여 학생의 종교 자유를 침해하고 있다. 고의인지 실수인지 모르겠으나 정부에서 만드는 지도에 사찰 명을 모조리 누락시키는 일도 있었고, 투표소를 종교시설에 설치하여 타 종교인들의 불만을 사기도 했다.

이런 일이 빈발하자 불자들 가운데서 다음과 같은 목소리를 내는 사람도 있다.

"우리도 절에서 투표하게 하고, 불교 학교를 많이 세워 학생들에게 예불 참여와 불교교리 교육을 의무화하자."

이렇게 하면 저 안과 의사와 다를 바 없다. 다른 사람이 갖고 있는 권력을 내가 차지하여 똑같이 행사하겠다는 주장밖에 안 된다. 그러면 빼앗긴 사람은 다시 차지하려 할 것이고, 결국은 서로 필사적으로 다툴 수밖에 없다.

어느 날, 외도인 우바리 거사가 부처님을 찾아와 토론을 벌였다. 오랜 시간 문답을 한 우바리는 자신이 외도 스승한테 배운 것이 잘못

됐다는 것을 알아차렸다. 부처님의 말씀에 감응한 우바리는 삼귀의를 한 다음 우바새가 되겠다고 하였다. 그러자 부처님께서 말씀하셨다.

"의견을 공포하지 말고 잠자코 실행하라. 훌륭한 사람은 잠자코 선행한다."

이 말씀에 우바리는 감동하여 여쭈었다.

"이래서 제가 세존에 대한 기쁨이 더합니다. 만일 제가 다른 사문이나 바라문의 제자가 되었다면 그들은 '우바리 거사가 내 제자가 되었다'고 크게 떠들고 다닐 것입니다. 저는 오늘부터 모든 외도들이 우리 집 문에 들어오는 것을 허락하지 않고 오직 세존의 사부대중만 들어오는 것을 허락하겠습니다."

부처님이 다시 말씀하셨다.

"거사여, 저들은 그대의 집에서 오랫동안 존경을 받았다. 그러니 저들이 오거든 마땅히 힘닿는 대로 공양하라."

"세존이시여, 이 때문에 제가 세존에 대한 기쁨이 더욱 더합니다. 저는 이전에 세존께서 이렇게 말씀하셨다고 들었습니다. '나와 내 제자에게만 보시하고 다른 이에게는 보시하지 마라. 나와 내 제자에게 보시하면 큰 복을 얻을 것이고 다른 이에게 보시하면 큰 복을 얻지 못할 것이다' 하고."

"나는 그렇게 말하지 않고 이렇게 말했다. '모든 이에게 보시하고 마음대로 기뻐하라. 다만 정진하지 않는 자에게 보시하면 큰 복을 얻지 못할 것이며, 정진하는 자에게 보시하면 반드시 큰 복을 얻을 것이다.'"

〈중아함경 133.우바리경(優婆離經)〉에 나오는 말씀이다. 부처님께서 외도, 오늘날로 치면 타 종교인을 대하는 태도가 어떠했는지 잘 알 수 있다.

　오늘날 우리가 종교평화를 추구하면서 종교차별, 또는 종교 자유 침해에 대응하는 자세도 부처님과 같아야 한다고 생각한다. 눈에는 눈, 이에는 이 식으로 보복하듯 대처한다면 부처님 법을 믿는 사람이나 자신의 종교가 최고라며 다른 종교를 핍박하는 사람들이나 다를 바 없지 않겠는가.

소를 잃고도 외양간을 고치지 않으면

서울 시내에 있는 다른 종교의 사원에서 일어난 일이라고 한다. 어느 날 사원을 관리하는 사무실에 도둑이 들어 신자들로부터 걷은 성금이며 사원의 각 단체 활동비 등 거금을 털어 갔다. 성스러운 장소이다 보니 도둑이 들리라고는 전혀 예상치 못했다고 한다. 대문 빗장은 물론이고 각 사무실이나 방의 걸쇠가 모두 허술했다. 마음만 먹으면 쉽게 돈이나 물건을 훔칠 수 있었다.

돈을 잃어버리고 나자 사무실 관리자는 문마다 튼튼한 자물쇠를 달고, 창문에도 걸쇠를 만들자고 건의했다. 그러나 사원의 책임자들은 고개를 흔들었다. 성직자인 우리가 사람을 못 믿으면 누가 믿느냐는 것이었다. 도둑이 들까봐 전전긍긍하며 시건 장치에 신경 쓴다는 것은 성직자의 자세가 아니라고 했다.

할 수 없이 사무실 관리자는 사비를 들여 우선 사무실 쪽에만 방범 장치를 했다. 문의 자물쇠를 바꾸고 창문에도 걸쇠를 새로 설치했다. 마음 같아서는 1층 창문에 쇠창살이라도 설치하고 싶었지만, 윗사람들의 꾸중을 들을까봐 하지 못했다. 다만 사무실 안에

156

현금은 물론 일체의 값나가는 물건을 두지 않았다.

그로부터 며칠 후 사원에 또 도둑이 들었다. 도둑은 사무실 건물의 창문을 깨고 들어와 서랍마다 열어 헤집어 놓았다. 사무실에 훔쳐갈 만한 물건이 없어서였는지, 도둑은 사제들의 방까지 들어갔다. 그리고 사제들 방의 현금이며 귀한 물건들을 싹 쓸어갔다.

일선에서 수사를 담당하는 경찰들 말을 들어보면 도둑은 한 번 든 곳은 반드시 또 들어간다고 한다. 같은 도둑한테 세 번이나 털린 집도 있다고 한다. 지난 번 범행 때 미처 못 가지고 간 것에 미련이 남아서일 수도 있고, 그때 보아 둔 물건을 가져가려고 재차 방문(?)했을 수도 있다. 아니면 한 번 터놓은 길에 익숙해서일 수도 있다. 가장 큰 이유는 소를 잃고 나서도 외양간을 고치지 않았기 때문이다.

부처님이 같은 일을 당했다면 어떻게 대처하셨을까? 대자대비하신 부처님이니만큼 혹시나 '도둑님' 가져가시라고 더 귀하고 값진 물건을 갖다 놓진 않으셨을까? 그 정도가 아니라면 이것도 다 전생의 업보다 하면서 인연 탓으로 돌리고 마셨을까? 〈잡아함경 제4권 91.울사가경(鬱闍迦經)〉에서 답을 찾을 수 있다.

어느 때 울사가라는 바라문 청년이 부처님 계신 곳에 나아가 여쭈었다.

"세존이시여, 속인이 속가에서 몇 가지 법을 행해야 현재에서 편안하고 현재에서 즐거울 수 있겠나이까?"

부처님께서는 바라문 청년에게 말씀하셨다.

"네 가지 법이 있다. 어떤 것이 넷인가? 이른바 방편을 완전히 갖추고 살림을 잘 보호하며, 착한 벗과 사귀고 바른 생활을 경영하는 것이니라.

어떤 것이 방편을 완전히 갖추는 것인가? 이른바 착한 남자가 여러 가지 직업으로써 스스로 생활을 경영하는 것이니, 곧 농사를 짓고 장사를 하며 혹은 임금을 섬기고 혹은 글씨·글·셈·그림으로써 이것 저것 직업에서 꾸준히 힘쓰고 수행하는 것이니라.

어떤 것이 살림을 잘 보호하는 것인가? 이른바 착한 남자가 가진 돈이나 곡식은 모두 방편으로 얻은 것으로써 내 손으로 일하고 법답게 얻은 것이다. 그것을 잘 지키고 보호하여 임금이나 도적에게 빼앗기거나 물에 떠내려 보내거나 불에 태우지 않으며, 잘 지키지 않는 자에게 잃어버리거나 사랑하지 않는 자에게 빼앗기거나 여러 가지 재환(災患)에 없어지지 않게 하는 것이니, 이것을 착한 남자가 살림을 잘 보호하는 것이라 하느니라.

어떤 것이 착한 벗과 사귀는 것인가? 만일 어떤 착한 남자가 있어 그가 법도에 어긋나지 않고 방탕하지 않으며, 허탕하지 않고 음흉하지 않으면 그러한 착한 벗은 나를 편안하게 한다. 곧 아직 생기지 않은 걱정과 괴로움은 생기지 않게 하고, 이미 생긴 걱정과 괴로움은 깨닫게 하며, 아직 생기지 않은 기쁨과 즐거움은 빨리 생기게 하고, 이미 생긴 기쁨과 즐거움은 잘 단속해 잃어버리지 않게 하나니, 이것을 착한 남자가 착한 벗과 사귀는 것이라 하느니라.

어떤 것이 바른 생활을 경영하는 것인가? 이른바 착한 남자는 그가 가진 돈과 재물은 지출과 수입을 맞추어 보아 빠짐없이 맡아 가지어 수입이 많고 지출이 적게 하며, 지출이 많고 수입이 적게 하지 않는다. 마치 저울을 잡은 사람이 적으면 보태고 많으면 덜어 평평해야 그만두는 것과 같이, 이러한 착한 남자도 재물을 헤아려 수입과 지출을 알맞게 한다. 곧 수입이 많고 지출이 적거나, 지출이 많고 수입이 적거나 하게 하지 않는다. 만일 착한 남자가 재물이 없는데도 마구 뿌려 쓰면서 생활하면 사람들은 그를 우둠바라 열매라고 부른다. 그는 종자가 없고 어리석고 탐욕이 많아 그 뒷날을 돌아보지 않기 때문이다. 또 어떤 착한 남자는 재물이 풍부하면서도 그것을 쓰지 않으면 사람들은 그를 어리석은 사람이요 굶어 죽는 개와 같다고 한다. 그러므로 착한 남자는 가진 재물을 잘 헤아려 수입과 지출을 알맞게 하나니, 이것이 바른 생활을 경영하는 것이니라.

  이와 같이 바라문이여, 이 네 가지 법을 성취하면 현재에서 편안하고 현재에서 즐거우니라."

옛 어른들은 집안에서 물건이 없어지면, 물건 간수를 제대로 못한 사람을 꾸짖었다. 견물생심(見物生心)하는 인간의 본성을 알았기 때문일 것이다.

  위의 경에서 볼 수 있듯이 부처님께서도 분명히 말씀하셨다. 돈을 벌되 바른 직업을 갖고 적법하게 벌며, 자신이 번 재산은 잘 지키고 보호하라고 임금이나 도적에게 빼앗기지 말고, 수해나 화재로 잃지도 말라고 하셨다.

  요즘 뉴스에서 사찰의 문화재가 훼손되거나 심지어 도난당하는 사건을 심심찮게 본다. 예를 든 다른 종교의 성직자들처럼 안이하게 대처했다가는 더 큰 낭패를 당할지 모른다. 어쩌면 도둑의 도심만 더욱 키우는 결과를 가져올 수도 있다.

  정당하게 조성한 재산을 잘 지키는 것, 그것이 바로 부처님 말씀을 제대로 받드는 것이다.

늙은이를 공경하지 않는 이유

　오래 전 어느 국영기업체에서 있었던 일이다. 그 기업체의 직원
은 일반직과 전문직, 조무직 등 크게 셋으로 나뉘었다. 일반직은 6
급에서 1급까지 직급이 있어 대학 졸업 직후 6급으로 입사하면 1
급까지 승진 기회가 있었다. 전문직은 급이 없는 계약제로 어떤
분야에 전문적 능력을 갖춘 사람들이었다. 조무직은 고등학교 졸
업자로 승진의 기회가 없이 조무직에만 머무르게 되어 있었다.
　조무직이 하는 일은 일반직과 전문직이 수행하는 업무를 좀 더
원활하게 할 수 있도록 돕는 것이었다. 구체적으로 타자, 운전, 방
호 등이 주요 업무였다. 이 가운데 조무직 여직원은 각 부서에 한
명씩 배치되어 타자는 물론 사무실 정리, 복사나 차 심부름도 겸
했다.
　기획부에 20대 후반의 조무직 여직원이 있었다. 당시만 해도 자
신의 업무를 수행하는데 별다른 갈등이 없었다. 그렇지만 승진에
한계가 있는 직이니만큼 나이가 들면 업무에 불만을 가질 것이 뻔
했다.

160

그러자 주변사람들이 야간 대학이나 방송통신대학을 다녀 일반 직으로 '업그레이드' 할 수 있는 준비를 하는 게 좋지 않겠느냐고 조언을 했다. 마침 그 기업체에서는 조무직이 대학 졸업의 학력을 갖추면 일반직으로 전환할 수 있는 기회를 열어두고 있었다. 그러나 별 필요성을 느끼지 못했는지 그는 주변의 걱정을 흘려들었다.

그로부터 십 몇 년이 흘렀다. 나이가 40이 가까워졌지만 그는 여전히 조무직으로 남아 있었다. 나이가 들었는데도 하는 업무는 여전히 심부름성의 일이다 보니 동료 직원들에게 '나이 대접'을 안 해준다고 불평을 하게 되었다. 그로 인해 마찰이 심해지다가 급기야 퇴직을 하고 말았다.

예전에는 직장에 연공서열이란 게 있어 실력이 좀 못 미친다 하더라도 근무 기간이 길수록, 경력이 높을수록 좋은 대접을 받았다. 그러나 예로 든 바와 같이 승진에 제한이 있는 직종이라든가, 요즘과 같은 정보화시대에서는 나이나 경력이 별로 득이 되지 못한다. 외려 사용자 측에서는 '하는 일 없이 호봉이 높아 급료만 많이 나간다' 하여 눈엣가시처럼 여긴다. 연륜에 기대는 시대가 지난 것이다. 실력으로 한계를 극복하지 않으면 불명예스럽게 퇴출당할 수밖에 없다.

〈잡아함경 제20권 547.집장경(執杖經)〉에도 이와 비슷한 개념이 나온다.

어떤 외도 바라문이 부처님의 제자들이 모여 있는 곳에 갔다. 연로하여 지팡이를 짚은 채 다가갔지만 아무도 아는 척하지 않았다. 불쾌해진 바라문은 부처님의 제자들은 왜 늙은 사람이 가도 예의를 갖추지 않느냐고 힐책했다. 그러자 가전연 존자가 대중 가운데 있다가 대답하였다.

가전연: 우리 법에서는 늙은이를 공경하며 예배합니다.
늙은 바라문: 내가 보매 이 대중 가운데는 나보다 늙은이가 없소 그런데 아무도 아는 체를 하지 않았소 말이 틀리지 않소
가전연: 나이가 많아 머리가 희고 이는 빠졌더라도 젊은이의 법을 가졌으면 그는 늙은이가 아닙니다. 그와 반대로 몸은 비록 젊었어도 늙은이의 법을 성취했으면 늙은 사람의 수에 들어갑니다.

그렇다면 어떤 것이 늙어도 젊은이의 법을 가진 것이고, 어떤 것이 젊어도 늙은이의 수에 들어가는 것일까? 가전연의 답을 보자.

"오욕의 향락을 떠나지 못하면 늙어도 젊은이의 법을 가졌다 하고, 오욕의 향락을 떠나 흐리지 않으면 젊어도 늙은 사람의 수에 든다고 한다."

오늘날의 직장 사회에서도 마찬가지다. 자기 직종의 전문성에서 뒤처지면 늙어도 애송이 취급을 받을 수밖에 없게 된다.

채찍을 맞아도 길들지 않는 말

어느 때 부처님께서 왕사성 칼란다 죽원에 계시면서 여러 비구들에게 말씀하셨다.

"세상에는 네 가지 좋은 말이 있다.

어떤 좋은 말은 채찍의 그림자만 보아도 곧 달린다. 그래서 말몰이의 형세를 잘 관찰해 느리고 빠르기와 왼쪽이나 오른쪽으로 말몰이의 뜻을 따라 행한다. 비구들이여, 이것을 세상의 좋은 말의 첫째 덕이라 한다.

다음에 세상의 어떤 좋은 말은, 채찍 그림자를 보고 놀라 살피지는 못하지만, 채찍으로 그 털끝을 스치기만 해도 곧 놀라, 말몰이의 마음을 얼른 살피고 느리고 빠르기와 왼쪽이나 오른쪽으로 움직인다. 이것을 세상의 둘째 좋은 말이라 하느니라.

다음에 세상의 어떤 좋은 말은 채찍 그림자를 돌아보거나 털에 스쳤을 때 사람 마음을 따르지는 못하더라도, 채찍으로 살갗을 조금 치면 곧 놀라, 말몰이의 마음을 살펴 느리고 빠르기와 왼쪽이나 오른쪽으로 움직인다. 비구들이여, 이것을 셋째 좋은 말이라 한다.

다음에 세상의 어떤 좋은 말은 채찍 그림자를 돌아보거나 털에 스치거나 살갗을 조금 맞음으로써 움직일 줄은 모르지만, 송곳에 몸을 찔려 뼈를 다친 뒤에야 비로소 놀라 수레를 끌고 길에 나서서, 말몰이의 마음을 따라 느리고 빠르기와 왼쪽이나 오른쪽으로 움직인다. 이것을 세상의 넷째 좋은 말이라 하느니라.

이와 같이 바른 법·율에도 네 가지 착한 남자가 있다. 어떤 것이 넷인가?

이른바 어떤 남자는 다른 마을에서 어떤 남자나 여자가 병들어 고통 받거나 내지 죽었다는 말을 듣고는 곧 두려워하여 바른 생각에 의지한다. 저 좋은 말이 채찍 그림자만 보고도 곧 길드는 것과 같다. 이것을 바른 법·율에 스스로 잘 길든 첫째 착한 남자라 하느니라.

다음에 어떤 착한 남자는 다른 마을에서 어떤 남자나 여자가 늙고 병들고 죽는 고통을 받는다는 말을 듣고는 두려워하여 바른 생각에 의지하지는 못하지만, 다른 마을에서 어떤 남자나 여자가 늙고 병들고 죽는 고통을 겪는 것을 보고는 곧 두려워하여 바른 생각에 의지한다. 저 좋은 말이 털끝을 스치기만 하면 어느새 길들어 말몰이의 마음을 따르는 것과 같다. 이것을 바른 법·율에 스스로 잘 길든 둘째 착한 남자라 하느니라.

다음에 어떤 착한 남자는 다른 마을에서 어떤 남자나 여자가 늙고 병들고 죽는 고통을 보거나 듣고는 두려워하는 마음을 내어 바른 생각을 의지하지는 못하지만, 촌이나 도시에서 어떤 좋은 벗이나 친한 사람이 늙고 병들고 죽는 고통을 보고는 곧 두려워하여 바른 생각에 의지한다. 저 좋은 말이 살갗을 맞고 비로소 길들어 말몰이의 마음을 따르는 것과 같다. 이것을 거룩한 법·율에 스스로 잘 길든 셋째 착한 남자라 하느니라.

다음에 어떤 착한 남자는 다른 마을에서 어떤 남자나 여자나 친한 사람이 늙고 병들고 죽는 고통을 받는 것을 듣거나 보고는 두려워하는 마음을 내어 바른 생각에 의지하지는 못하지만, 자기가 늙고 병들고 죽는 고통에 대해서 싫어하고 두려워하는 마음을 내어 바른 생각에 의지한다. 저 좋은 말이 살을 찔려 뼈까지 다쳐서야 비로소 길들어 말몰이의 마음을 따르는 것과 같다. 이것을 거룩한 법·율에서 스스로 잘 길든 넷째 착한 남자라 하느니라."

〈잡아함경 제32권 922.편영경(鞭影經)〉

경을 읽다 보면 부처님의 비유가 절묘함에 감탄하게 된다. 부처님께서는 어린 나이에 사문유관(四門遊觀)을 통해 인생이 고(苦)라는 것을 깨달았다고 한다. 그리고 그 고에서 벗어나기 위해 수행을 했고, 마침내 해탈하여 부처가 되었다.

부처님이 깨달은 자의 입장에서 보기에 고의 바다에서 허우적대고 있는 뭇 생명이 너무도 가여웠을 것이다. 이들은 자신들의 삶 자체가 괴로움인 줄을 모르고 그 안에서 잠시 주어지는 쾌감이나 행복감 등에 의지해 벗어날 생각을 못하고 있는 것이었다. 그러자 부처님은 너희들은 지금 불타는 집에 있으니 어서 빠져나와라 하고 소리치기도 하고, 너희는 천 길 낭떠러지에서 가느다란 밧줄에 매달려 있는데, 그나마 흰 쥐와 검은 쥐가 그 밧줄을 갉아먹고 있다, 그런 와중에도 나무에서 떨어지는 꿀물이 달다고 기뻐하고 있는 격이다 하고 안타까워하기도 했다.

〈잡아함경〉에서는 '채찍에 길드는 말'의 비유를 들으셨다. 똑똑한 말은 채찍의 그림자만 보아도 내달리지만, 어리석은 말은 채찍으로 맞거나 송곳에 찔려 살이 찢어지고 뼈를 다친 뒤에야 비로소 달리기 시작한다는 것이다. 즉, 현명한 사람은 누군가 죽었다는 말만 듣고도 인생이 고해라는 사실을 바로 깨닫고 거기에서 벗어나려 발심하지만, 어리석은 사람은 자기가 늙고 병들어 죽는 것을 몸소 경험하고 난 뒤에야 마음을 낸다는 의미다.

이 말씀을 듣고도 범부들로서는 감히 부처님이 가리키는 '큰길'까지 갈 엄두를 내는 게 쉽지는 않을 것이다. 하지만 경전 말씀이 그렇게 크고 높은 데만 적용되는 것은 아니라고 생각한다. 일상생활에서도 이 경의 교훈을 충분히 새길 수 있다.

남들이 한 작은 잘못을 보고 나는 그러지 말아야지 하고 돌아볼 줄 아는 사람은 채찍의 그림자만 보고도 바로 내달리는 현명한 말이요, 남들이 저지른 큰 잘못을 보면서도 나는 괜찮겠지 하고 따라 하다가 인생을 망치고 마는 사람들은 채찍을 맞아 살이 찢어지고 뼈가 드러나서야 달리는 어리석은 말인 셈이다.

살이 찢어지고 뼈가 드러나고 나서라도 달린다면 그나마 구제될 가능성이 있을 것이다. 그보다 못한 경우가 허다하게 많다. 지난 정권의 권력가들이 부정부패로 감옥에 가는 것을 뻔히 보고도 새로운 정권이 들어서면 같은 짓을 반복하는 사람들, 회사를 망하게 하여 공적 자금 들이게 해 놓고 자신들은 뒤로 착복했다가 쇠고랑 찬 사람들, 곧 백일하에 드러날 잘못을 '본 적도 아는 바도 없다'며 딱 잡아떼다가 들통 나면 '나만 그런 게 아니다, 했다고 해도 나는 남들보다 덜하다'며 다른 사람 핑계로 면피하려는 사람들….

이렇게 남들이 하는 잘못을 그대로 답습한다면 채찍을 맞아도 길들지 않는 말과 다를 바가 무엇 있겠는가.

앙굴리마라와 스승의 아내

　외국 드라마에나 등장할 것 같은 연쇄 살인이 우리나라에서도 벌어져 온 국민이 경악했다. 연쇄 살인범은 지나가는 여자를 유인해 무차별하게 살인한 것은 물론 함께 살던 부인과 장모까지 살해했다. 살인을 수십 차례 저지르면서도 일상에서는 태연하게 살아갔고, 호감 가는 외모와 언변으로 주변에서는 좋은 사람이란 평판까지 얻었다.

　그는 반사회적 인격장애의 극단적인 증세를 가진 사람으로, 전문 용어로 사이코패스(psychopath)라고 한다. 힘없는 부녀자를 살해하고 유기한 행동도 잔인하지만, 검거된 후 보인 행동이 더욱 놀랍다. 수사하는 형사들에게 범죄 전모를 자백하면서 반성하는 척하다가 농담을 하는가 하면, 심지를 자신이 저지른 범행 이야기를 책으로 써서 아들이 인세를 받게 하고 싶다는 말까지 했다고 한다. 그러면서도 그렇게 위하는 자식들에게 전화 한 번 안하는 모순된 행동을 보인다고 한다.

　이런 사이코패스를 가려내기 위해 범죄심리학자 로버트 헤어 박사는 사이코패스 판정도구인 PCL-R을 제작했다. PCL-R에 들어 있는 20문항 가운데 앞의 10문항을 쉽게 풀어 놓으면 다음과 같다.

* 입심이 좋고 말을 잘해 타인이 쉽게 호감을 느낀다.
* 자존심이 지나치게 높다.
* 쉽게 지루해 한다.
* 거짓말을 입에 달고 산다.
* 남을 잘 속이거나 조종한다.
* 후회하는 일이 거의 없고, 죄책감도 잘 느끼지 않는다.
* 감동하는 일이 거의 없다.
* 매사에 냉담하고 남의 말에 공감하지 않는다.
* 고정적인 직업이 없고 남에게 빌붙어 산다.
* 나쁜 행동을 자제하기 어렵다….

늘어나는 흉악 범죄를 언론을 통해 지켜보며, 부처님 재세 시절 사람을 999명이나 죽였다는 앙굴리마라가 저절로 생각났다.

앙굴리마라도 사람을 많이 죽였다. 심지어 자기 어머니까지 죽이려 했다는 이야기가 〈증일아함경 31권 제38 역품①〉에 나온다. 게다가 앙굴리마라는 죽인 사람의 손가락을 잘라 목걸이를 만들어 목에 걸고 다녔다. 그런 앙굴리마라의 행각에 온 나라의 백성이 공포에 떨며 살았다.

연쇄 살인범이 그렇게 많은 사람을 죽인 이유는 무엇일까? 돈을 위해 또는 욕정을 채우기 위해서다. 앙굴리마라에게는 좀더 복잡한 이유가 있다.

앙굴리마라는 본래 사위성에 있는 어떤 바라문의 제자로, 그 바라문의 500제자 가운데 상수였다고 한다. 그는 몸이 훌륭하고 힘이 세고 총명하며, 변재가 좋아서 스승이 늘 칭찬하였다.

어느 날, 스승이 출타한 틈을 타 스승의 부인이 앙굴리마라를 방으로 불러 유혹했다. 평소에 품고 있던 정념을 발산했던 것이다. 그러나 앙굴리마라는 내가 어찌 어머니와 같은 스승의 부인과 정을 통할 수 있겠느냐며 스승의 부인의 손을 뿌리치고 방을 뛰쳐나왔다.

그러자 스승의 부인은 부끄럽고 분한 마음에 자신을 거절한 남편의 제자에게 복수할 묘략을 짜냈다. 부인은 스스로 자신의 옷을 찢고는 거짓으로 분노의 얼굴을 한 채 자리에 누워 있었다. 그때 밖에서 돌아온 바라문이 아내의 모습을 보고 자초지종을 물었다. 부인은 통곡하며 말했다.

"당신의 제자 앙굴리마라가 나를 욕보이려고 이렇게 옷을 찢고 덤벼들었소"

이에 화가 머리끝까지 난 스승은 앙굴리마라를 매로 다스리려 하다가 더 큰 복수의 방법을 생각해 냈다.

스승은 앙굴리마라를 은밀히 불러 이렇게 말했다.

"도를 완전히 이루려면 사람 100명(또는 1000명)을 죽여서 한 사람당 손가락 한 개씩을 잘라 목걸이를 만들어 목에 걸면 된다."

이런 사연으로 앙굴리마라가 살인이라는 극악무도한 행위를 일

삼았던 것이다.

현대의 사이코패스는 대부분 선천적인 기질을 갖고 태어난다고
한다. 다른 사람에 대해 동정심이 없고, 따라서 다른 사람을 해쳐
도 죄책감을 느끼지 않는다. 정신질환 중 최악의 경우다. 신경의학
적으로 보았을 때 인간의 감성을 관할하는 뇌 앞쪽의 전두엽(前頭
葉)과 중심부 변연계(邊緣系)와의 연결회로에 결함이 생긴 것으로
분석된다. 이러한 선천적 결함에, 성장 과정에서 불우한 환경 속에
놓이면 폭력 성향이 증폭되고 고착화된다고 한다.

앙굴리마라의 경우는 좀 억울하다. 선천적으로는 훌륭한 기질을
타고 태어나 잘 발현하고 살았지만, 잘못된 스승과 사악한 스승의
아내를 만나 살인마의 길을 걷게 되었다.

여기서 주목할 만한 것이, 성폭행 개념을 역이용한 스승의 아내
의 간교한 모략이다. 남편의 제자를 유혹해 놓고 거절당하자 그
앙갚음으로 앙굴리마라에게 성폭행 혐의를 뒤집어씌운 것이다. 이
를 그대로 믿고 복수심에 불타오른 스승이 앙굴리마라를 희대의
살인마로 만들어 놓은 것이다. 앙굴리마라의 죄라고는 스승의 아
내의 유혹에 넘어가지 않고, 스승의 말을 의심하지 않고 따른 것
뿐이다.

그래도 상식선에서 보면 어떻게 사람 1000명을 죽인다고 해서
도를 이룰 수 있겠느냐는 반문은 가능하나, 스승의 말이라면 하늘
같이 따랐을 당시대의 풍토를 감안하면 참작해 줄 만한 일이다.
앙굴리마라로서는 억울하기 짝이 없는 일이다.

부처님 시절의 앙굴리마라만 억울한 게 아니다. 현시대에도 앙굴리마라 같은 피해자가 많다.

여성 인권이 신장하고, 신체의 자율권에 대한 의식이 확산되면서 신체적 약자인 여성에게 가해지는 성폭력을 근절해야 한다는 의지가 굳어졌다. 이에 따라 성폭력(강간 등), 성추행(신체적 접촉), 성희롱(주로 언어적 행위) 등 세분화된 개념과 법이 생겨나고, 법을 위반할 경우 처벌도 강화되었다. 덕분에 여성을 성적 도구로 여겨온 일부 남성들의 행동이 조심스러워지고, 여성 또한 구시대에 비해 많은 보호를 받게 됐다.

그러나 이러한 법을 악용하는 사례도 많아졌다. 그 대표적인 예가 몇 년 전 있었던 연예인이자 사업가인 J씨 사건이다. 둘이 합의하에 성관계를 갖고도 돈을 울궈 내기 위해 성폭력을 당했다고 주장한 여자로 인해 J씨의 명예는 한꺼번에 땅에 떨어졌다. 결국 법정에서 결백이 밝혀졌지만, J씨는 이 사건으로 인해 돈과 명예와 신뢰와 건강 등 많은 것을 잃었다.

성폭력상담소에서 상담원들끼리 워크숍을 진행할 때였다. 자연스럽게 성폭력과 관련된 경험을 이야기하게 되었는데, 30대 초반의 젊은 여자 상담원이 자신의 사례를 고백하였다.

어느 소도시에서 살던 그 상담원이 초등학교 3학년 때의 일이었다. 그날따라 놀이터에서 친구들과 심하게 놀다 보니 옷에 흙이 잔뜩 묻게 되었다. 집에 돌아오자 어머니가 기겁을 하며 놀랐다. 어머니는 심각한 얼굴을 하고 딸을 방으로 데려가 묻기 시작했다.

"너 누구랑 놀았어?"

그래서 함께 논 친구 이름을 댔으나 어머니는 믿지 않았다.

"무슨 일 있었니?"

어머니는 점점 더 심각해졌다.

"아니. 친구랑 그냥 놀았어."

그러나 어머니는 믿지 않았다. 옷에 흙이 묻고 심하게 더러워진 것으로 미루어 성적인 일을 당한 것으로 짐작한 듯했다.

어머니의 추궁을 견디다 못한 딸은 마침내 초등학교 5학년생인 이웃집 오빠와 성적인 장난을 쳤다고 거짓 자백을 하고 말았다. 이로 인해 이웃 간에 싸움이 일어나고 아무 죄도 없던 이웃집 오빠네는 다른 동네로 이사를 가게 되었다.

이 상담원은 자신의 경우를 고백하면서 부모가 너무 민감하게 성적으로 반응하여 일어나는 부작용에 대해 걱정을 했다. 자신 때문에 마을에서 쫓겨난 이웃집 오빠에 대한 미안함도 토로하였다.

다른 범죄와 달리 성과 관련된 행위, 즉 성희롱, 성추행, 성폭력은 진실 여부가 드러나기 전에 그저 '성범죄자'로 지목되는 것만으로도 이루 말할 수 없는 영향을 끼친다. 바로 이런 점을 노려 약자를 위한 법을 악용하는 교활한 사람들이 생겨나고 있는 것이 현실이다.

그 상담원의 고백처럼 가해자가 아닌 사람을 가해자로 지목하는 경우도 있고, 앙굴리마라처럼 다른 일에 대한 보복으로 음해를 당하는 경우도 있다. 가해하지도 않고 가해자로 몰리고, 그로 인해 모든 것을 잃은 사람의 마음에는 앙굴리마라처럼 세상 사람을 마구 죽여 그 억울함을 풀고 싶을 만큼 울분이 들어찰 수 있다.

따라서 이제는 성범죄를 당한 피해자를 보호하는 것은 물론이지만, 가해자로 지목된 사람이 과연 가해자인가, 혹 가해자로 지목된 사람 역시 억울한 피해자는 아닌가를 참으로 조심해서 살펴야 하는 시대가 되었다. 또 다른 앙굴리마라의 씨앗, 원한의 인(囚)이 마음속에 박히지 않게 하려면….

잘 못할 때도 잘 해!

한눈에 봐도 덕이 높고 복이 많아 보이는 노부인이었다. 반백의 머리에 뽀얀 피부, 참 곱게 늙은 분이라는 생각이 들었다.

"나는 평생 누굴 미워해 본 적이 없어요."

목소리도 온화하고 말투도 부드러웠다.

"친정에서 외동딸이라 귀하게 자랐는데, 가난한 집 맏이에게 시집 와서 남편 뒷바라지하고 시동생들 교육시키느라 고생 많이 했죠."

고생한 보람이 있어 시동생들은 모두 명문대학을 나와 좋은 직장에 들어갔고, 남편 역시 고위 공무원으로 은퇴하여 민간 기업의 경영인이 되었다. 경제적으로도 풍족하고 사회적 명망도 쌓은 성공한 인생이었다.

노부인 스스로도 자녀들 출가시키고 난 뒤 새로운 인생을 살기 시작했다. 젊어서는 가족들을 위해 시간을 보냈지만, 이제부터는 자신을 위한 시간을 가지리라 생각했다.

우선 하고 싶었던 공부부터 시작했다. 미술에 관심이 많던 터라 대학원에 진학하여 미술사를 전공했다. 늦은 나이에 쉽지 않은 공부를 시작한 노부인에게 주변 사람들은 존경의 박수를 보냈다.

그림도 새로 시작했다. 본래 소질이 있던 터라 몇 년 만에 개인 전시회를 열 만큼 성장했다. 동양화에 서양화 기법을 가미한 노부인의 그림에 독특한 세계를 창조했다고 칭찬이 쏟아졌다.

그와 함께 노부인은 종교단체에서 자원봉사 활동을 시작했다. 헌신적인 봉사를 하면서 적지 않은 기부를 하니 단체에서도 대환영이었다. 모범 봉사상을 받기도 했다.

노부인은 자신의 지난 세월과 현재를 살펴보며, '이만하면 괜찮은 인생이다' 하고 자부심을 느꼈다. 젊어서 고생은 했지만 그 덕분에 온 가족이 잘 됐으니 보람 있고, 남편의 직책이 높아진 뒤로는 신세를 진 사람들이 고마워하니 보람 있고, 봉사를 나가면서는 도움을 받은 사람들이 감사하니 보람 있었다.

그런데 최근 들어 너무도 화가 나는 일이 생겨 감정이 추슬러지질 않았다. 가슴이 까맣게 타면서 자꾸 나쁜 생각이 떠올랐다. 덕스럽고 온정 많았던 자신이 어디론가 가버린 것 같아 더욱 당혹스러웠다. 내가 이 정도밖에 안 되나 하는 절망감도 들었다.

"평생 누굴 미워해 본 적이 없는 저예요. 그렇지만, 그 사람만은 용서가 안 됩니다."

노부인의 고운 미간에 주름이 잡혔다.

노부인은 자원봉사 나가는 종교 단체에서 회장직을 맡게 되었다. 본인은 사양했지만 회원들의 추대로 얼떨결에 자리를 맡았다. 회장이 된 이후 단체에 갈 때마다 회원들은 "회장님, 회장님" 하고 대접해 주었다. 일반 회원으로 참여할 때와는 마음자세가 사뭇 달라졌다. 참여 의욕이 높아지고 책임감도 한층 더 느껴졌다. 그래서 일주일에 한 번 나가던 것을 거의 매일 나가다시피 하고 기부하는 액수도 늘렸다. 그러자 단체에서도 좋아하고 회원들도 "역시 우리 회장님"이라며 칭송했다.

헌데, 소임을 맡은 지 한 달도 안 돼 회장 재선거를 한다고 했다. 본래 회장은 회원 가입 후 3년이 지나야 하는데, 노부인이 가입한 날짜가 그 기한에서 열흘이 모자랐기 때문에 지난 번 선출은 무효라는 것이었다. 그와 함께 회원들 사이에 좋지 않은 소문이 나돌았다. 노부인이 회장이 되고 싶어서 단체에 봉사활동을 나오기 시작한 것이고, 고위공무원 출신 남편의 백을 동원하고 금전 공세를 펴서 자격도 안 되는 회장 자리를 꿰찼다는 것이었다.

소문의 진원은 노부인에게 밀려 부회장 자리에 앉은 김 여사였다. 그가 뒤에서 공작하여 일을 꾸민 것이었다. 결국 재선거를 통해 김 여사가 회장이 되었다.

"저는 회칙이고 뭐고 잘 몰랐어요. 회원들이 뽑아 주기에 회장 자리를 수락한 것뿐이에요. 그런데 자리 욕심을 내서 작정하고 들어왔다니요."

자신을 속물로 몰아간 그 사람이 용서가 안 됐다. 점잖고 품위 있는 인생인데 이게 무슨 망신이며 봉변이냐는 생각이 들었다. 억울하고 부아가 치밀었다. 종교의 힘을 빌려 기도를 통해 용서해 보려 했지만 도저히 안 되었다.

"제 인생에서 처음으로 당한 굴욕이에요."

노부인의 뽀얀 얼굴에 검은 그림자가 드리워졌다.

세존께서 모든 비구들에게 다시 말씀하셨다.

"비구들아, 옛날에 어떤 거사의 부인이 있었는데 그 이름은 비타제였다. 그 집은 큰 부자로서 재물이 많고, 미곡이 풍부하였으며, 여러 가지 생활 도구도 풍부하였다. 비타제라는 그 부인은 다음과 같은 큰 명성이 사방에 널리 퍼졌다.

'비타제 부인은 욕됨을 잘 참고 견디고 잘 제어하며 온화하고 안정되었다.'

비타제 부인에게는 흑(黑)이라는 여종이 있었다. 여종 흑은 부인의 시종으로서, 묘하고 고운 말을 쓰고, 착한 일을 많이 행했다. 어느 날 여종 흑이 이렇게 생각했다.

'우리 집 거사의 부인 비타제는 욕됨을 잘 참고 견디고 제어하며 온화하고 안정되었다는 명성이 사방에 퍼져 있다. 정말로 비타제 부인이 성을 내는지 안 내는지 시험해 보리라.'

다음날 여종 흑은 일부러 아침이 되어도 일어나지 않고 누워 있었다. 그러자 비타제 부인이 불렀다.

'흑아, 왜 빨리 일어나지 않느냐?'

여종 흑은 그 말을 듣고 곧 이렇게 생각했다.

'우리 집 거사의 부인 비타제도 사실은 성을 내는구나. 지금까지 성을 내지 않은 건 내가 요리를 잘 만들고 살림을 잘 하고 잘 지켜주기 때문이었다. 나는 이제 더 확실히 시험해 보리라.'

여종 흑은 아주 늦게까지 일어나지 않았다. 그러자 비타제 부인이 다시 소리쳤다.

'흑아, 왜 이토록 늦게까지 일어나지 않느냐?'

여종 흑은 이 말을 듣고 이렇게 생각했다.

'우리 집 거사의 부인 비타제는 사실 성을 낸다. 이제 다시 더 확실히 시험해 보리라.'

여종 흑은 해질 무렵에야 일어났다. 그러자 비타제 부인이 부르짖었다.

'이 종년 흑아, 왜 해질 무렵이 되어서야 일어나 할 일도 제대로 하지 않고, 또한 남을 시킬 일도 시키지 않느냐? 흑아, 너는 이제 내 말도 잘 듣지 않는구나. 이 흑이 나를 업신여기는구나.'

비타제 부인은 화가 치밀고 분통이 터져 이마에 핏대를 세우고 얼굴을 실쭉거리더니, 스스로 달려가 문을 닫아 빗장을 채우고는 몽둥이로 여종 흑의 머리를 때리니 머리가 터져 피가 흘렀다. 이에 여종 흑은 곧 밖으로 달려 나가 이웃 사람들에게 외쳐댔다.

'여러분, 욕됨을 참기를 공부한다는 사람이 이렇게 잘 견디고 온화하며, 잘 제어하고, 매우 안정되며, 잘 쉬는 것을 보았습니까? 부인은 제가 늦게 일어났다고 화를 내고 분통을 터뜨리더니 몽둥이로 내 머리를 때려 머리가 터져 피가 흐르게 하였습니다.'

이렇게 하여 '거사의 부인 비타제는 성질이 모질고 급하며, 더럽고 거칠며, 안정되지 못하고 제어하지 못한다'는 지극히 나쁜 이름이 사방에 흘러 퍼지게 되었다."

〈중아함경 제50권 193. 모리파군나경(牟犁破群那經)〉

부처님께서 말씀하신 것처럼 남이 내게 잘해 줄 때 덕을 지키는 것은 쉬운 일이다. 특히 높은 자리에 있거나 경제력이 있는 사람들은 싫은 소리나 바른 소리를 들을 일이 별로 없다. 베풀 수 있는 위치에 있다 보니 후덕하다는 찬사를 받게 된다. 하지만 진정으로 덕이 있다는 건, 어려운 처지에 있거나 억울하고 힘든 일을 당했을 때 어떻게 처신하느냐로 알 수 있다는 게 이 경의 핵심 내용이다. 이어지는 부처님의 법문을 들어본다.

"비구들아, 너희들은 마땅히 남이 어떠한 말을 하더라도 마음이 변하지 않고, 입으로 나쁜 말을 하지 않으며, 원수를 향해서도 그를 위해 사랑하고 가엾이 여기는 마음을 일으키는 것을 배워야 한다. 그래서 마음은 자애로움[慈]과 함께하여 사방에 성취하여 노닐고, 이와 같이 불쌍히 여김[悲]과 기뻐함[喜], 평온함[捨]에 있어서도 지극히 넓고 매우 크고 한량이 없이 잘 닦아, 일체 세간에 두루 차서 성취하여 노닐어야 한다. 너희들은 마땅히 이렇게 배워야 하느니라."

유행가 제목에 '있을 때 잘해'라는 게 있다. 오늘의 부처님 가르침은 '잘못할 때도 잘해'다. 그래야 진정으로 덕이 있는 거라는 말씀이다.

자살, 그 길밖에 없는가

아는 분이 실제로 겪은 이야기다.

한국전쟁 때 이북에서 단신으로 내려와 자수성가한 분이었다. 젊어서 고생한 것은 이루 말할 수 없지만, 열심히 노력한 덕분에 탄탄한 사업체를 운영해 재산을 꽤 모아 놓았다. 노후를 평화로운 나라 뉴질랜드에서 보내기로 한 이 분은 그동안 모은 돈으로 뉴질랜드에 빌딩을 사고 정원이 널찍한 집도 샀다.

이민 갈 터전을 마련하는 동안 서울에서 운영하던 회사는 젊은 전무에게 맡겼다. 전무는 입사 이후 이십여 년 간 성실하고 근면하게 자신을 보필해 아들처럼 아끼는 사람이었다.

3년 정도 뉴질랜드와 한국을 오가며 이민 준비를 완료한 뒤, 이 분은 기쁜 마음으로 그동안 애써 온 전무에게 회사 명의를 넘겨주려고 귀국했다. 그리고 다음날 낮 12시에 만나기로 약속했다.

약속한 시간, 아무리 기다려도 전무가 오지 않자 이분은 전무의 집으로 찾아갔다. 빼꼼이 열려 있는 문을 열고 현관에 들어서는 순간, 심장이 멎는 듯했다. 전무가 거실 샹들리에에 목을 맨 채 매달려 있는 게 아닌가.

'이 사람이 대체 왜?'

회사를 물려준다는 이 기쁜 날 왜 자살을 한 걸까? 도무지 납득이 가지 않았다. 유서도 아무 것도 없었다.

놀라운 일은 다음날부터 벌어졌다. 회사로 돈을 갚으라는 어음이 돌아오기 시작한 것이었다. 금액이 엄청났다. 무엇에 쓴 건지, 누구에게 얼마큼 어음을 발행했는지 짐작할 수가 없었다. 돌아오는 어음을 막아 대느라 정신없이 몇 달을 보내면서 서울에 있는 회사는 물론 노후를 위해 뉴질랜드에 사 놓은 건물까지 팔아야 했다.

알고 보니 전무는 이 분이 사업체를 맡기고 뉴질랜드에 오가는 사이 자기 회사를 따로 차려 운영하고 있었다. 그 회사가 잘 되지 않자 이분의 회사 어음을 마구 발행해 때웠다. 감당해 낼 수 없을 만큼 빚이 늘어나고, 그것이 들통 날 순간이 오자 목숨을 버린 것이었다.

요 몇 년 새 연예인들의 자살이 이어지고, 펀드 투자 실패, 주가 하락을 비관한 자살이 뉴스로 나오고 있다.

한국의 자살률이 OECD 국가 중 1위라고 한다. 통계청 발표에 따르면 2007년 자살 사망자는 1만2174명으로 인구 10만 명 당 24.8명이다. 10년 전인 1997년의 13.0명에 비해 무려 90.7퍼센트나 늘었다. 전체 사망 원인 순위를 보면 자살은 암, 뇌혈관 질환, 심장 질환에 이어 4위를 차지하고 있다. 특히 20대, 30대 젊은이의 자살률이 높아 20대는 인구 10만 명 당 38.6명, 30대는 25.8명으로 사망 원인 1위를 기록하고 있다.

사람들은 왜 이렇게 스스로 목숨을 버리는 것일까? 우울증 등 병이 원인이 될 수도 있고, 프로이트가 말한 죽음 본능을 원인으로 찾을 수도 있다. 사회와 타인을 위한 이타적 동기에서 자살하는 경우도 있고, 사회에 충분히 통합되지 못함으로써 행하는 이기적 자살도 있다.

요즘 한국 사회에서 일어나는 자살 현상에 대해 가장 설득력 있는 이론은 스미스와 아이만의 '자아 허약성 모델'이다.

스미스와 아이만은 인간은 '삶의 환상'을 가지고 있다고 한다. 삶의 환상이란 개인이 자기 자신과 세계에 부여한 희망이며 신념 체계다. 자살자의 경우, 삶의 환상이 매우 제한적이고 비현실적이며 완고하여 오로지 한 가지 삶의 목표를 가지고 살아간다. 돈과 명예, 혹은 사랑하는 사람, 종교적 신념 등 한 가지에 삶의 모든 의미를 부여하므로, 그 환상이 깨질 경우 더 이상 삶의 희망이 없는 상태가 되어 버리고 이러한 상태가 심화되면 자살로 이어지게 된다는 것이다.

사연 없는 무덤 없다는 말처럼 사연 없는 자살도 없을 것이다. 오죽하면 자살을 택하겠는가. 자살하는 그 심정이 어땠을지 어느 정도 이해가 간다.

그러나, 그러나 꼭 그 길밖에 없는 것인가?

자살은 혼자만의 죽음으로 끝나는 것이 아니다. 크게는 사회적, 국가적으로 큰 손실이며 작게는 주변의 모든 사람에게 고통을 준다. 자살하는 사람이야 떠나면 그만이라 생각하겠지만, 살아남은 자의 고통은 이루 말할 수 없다. 앞서 예로 든 전무로 인해 수많은 사람이 경제적, 심리적 고통을 당했고, 뉴스에 오르내린 자살자들의 가족과 친지 역시 심한 후유증을 앓고 있다. 이렇듯 살아남은 사람들에게 정말 몹쓸 짓이 자살이다.

또 하나 명심해야 할 것이 있다. 자살은 죽는 당사자에게도 그것으로 끝이 아니라는 점이다. 불교에서는 세계와 생명을 상호 의존적인 관계 구조 속에 있다고 본다. 이런 연기(緣起)의 세계에서 모든 생명은 다 소중하다. 특히 인간 생명은 그 무엇보다도 귀중하다. 인간으로 태어남으로 인해서 부처님 법을 배우고 깨달을 수 있기 때문이다. 그래서 부처님은 인간으로 태어나기가 얼마나 어려운가를 〈맛지마니까야 129.어리석은 자와 현명한 자의 경〉,〈잡아함경 제15권 406.맹구경(盲龜經)〉 등에서 '맹구우목(盲龜遇木)'의 비유를 들어 설명하셨다.

"인간으로 태어나기란 매우 어렵다. 저 망망대해에 천만 년을 사는 눈 먼 거북이가 있다. 그 바다에 작고 가벼운 나무판자가 있는데, 가운데에 작은 구멍이 나 있다. 이 판자는 넓은 바다에서 바람에 밀려 동으로 서로, 남으로 북으로 하염없이 떠다닌다. 바다의 눈 먼 거북이가 백 년에 한 번씩 고개를 들어 그 작은 판자의 구멍에 머리를 집어넣기란 쉽지 않은 일이다. 인간으로 태어나는 것도 그와 마찬가지로 어려운 일이다."

이런 귀중한 생명체인 인간이 자신을 죽이는 것은 살생 행위로, 불자라면 절대로 범해서는 안 될 일이다. 부처님은 불자가 지켜야 할 오계의 맨 앞에 '불살생계(不殺生戒)'를 두어 생명의 소중함을 강조하셨다.

부처님은 〈범망경(梵網經)〉에서 불살계(不殺戒)에 대해 이렇게 말씀하셨다.

"불자들이여, 만일 스스로 죽이거나 남을 시켜 죽이거나 방편으로 죽이거나 찬탄하여 죽게 하거나 죽이는 것을 보고 기뻐하거나 주문으로 죽이는 그 모든 짓을 하지 말지니, 죽이는 인이나 죽이는 연이나 죽이는 법이나 죽이는 업을 지어서 일체 생명이 있는 것을 짐짓 죽이지 말아야 하느니라.…산 생명을 죽이는 것은 보살의 바라이 죄이니라."

법장(法藏)의 〈범망경보살계본소(梵網經菩薩戒本疏)〉에는 불살계를 제정한 뜻이 다음과 같이 나와 있다.

① 생명을 끊는 것은 업도를 무겁게 하기 때문이다.
② 대비심을 어기어 해치기 때문이다.
③ 길러준 은혜를 등지는 것이기 때문이다.
④ 수승한 연을 어그러지게 하기 때문이다.
⑤ 일체 중생이 모두 불성이 있어서 다 장래에 법기가 될 것이기 때문이다.

⑥ 보살의 무외시를 어기어 잃기 때문이다.

⑦ 사섭행을 어그러지게 하기 때문이다.

⑧ 손해가 너무나 크기 때문이다.

⑨ 은혜에 보답하기 위함이다.

⑩ 법이 그러하기 때문이다.

이뿐만이 아니다. 아비담마에서는 죽음의 순간에 일어나는 마지막 인식과정이 업이나 업의 표상 또는 태어날 곳의 표상을 대상으로 일어난다고 한다. 즉 마지막 생각이 바로 다음 생을 결정짓는다고 보는 것이다.

따라서 자살은 결코 고통의 해결책이 될 수 없다. 자살하는 순간 선하고 아름다운 마음으로 죽는 사람이 과연 몇이나 있겠는가? 세상에 대한 복수로, 분노의 표현으로, 원망의 마음으로, 극도의 절망으로, 처절한 포기 상태로, 두려움과 회피로 죽음을 택하는 이가 대부분이다. 이렇게 극단적인 삶의 마감이 다음 생의 인(因)이 된다고 하니 얼마나 준엄한 응보가 뒤따를지 상상만 해도 두렵다.

주어진 생을 끝까지 살아내는 것은 인간에게 지워진 의무다. 개똥밭에 구르더라도 생명이 다하는 순간까지 성심껏 살아 떳떳이 한 생을 마감하는 것이 그 어떤 화려한 자살보다 숭고한 일일 것이다.

제6장

∥

두 번째 화살에 맞지 마라

두 번째 화살에 맞지 마라

「리더스다이제스트」란 잡지에서 읽은 이야기다.

어떤 남자가 자동차로 길을 달리고 있었다. 한참을 가도 마을이 나타나지 않는 한적한 도로였다. 공교롭게도 자동차 연료가 동이 나고 말았다. 난감한 상황에 처한 남자의 눈에 멀리 농장 한가운데 있는 집 한 채가 눈에 띄었다. 남자는 자동차 연료를 얻기 위해 그 집으로 향했다.

그 집을 향해 걸어가는 동안 남자의 머릿속엔 온갖 생각이 일었다. 집주인이 없으면 어떡하지 하는 걱정에서부터 그 집에 비축해 놓은 휘발유가 없으면 낭패네 하는 절망도 생겼다. 있다고 하더라도 주인이 친절하지 않은 사람이라서 거절하면 큰일이겠다 하는 생각도 들었다. 그렇다면 돈을 줄 테니 팔라고 해야지 하는 대안도 떠올랐다. 하지만 값을 너무 비싸게 쳐 달라고 하면 곤란하단 생각이 들었다. 그렇게 나온다면, 곤경에 처한 사람을 도울 생각부터 해야지 어떻게 그렇게 자기 욕심만 챙기느냐고 쏘아붙여야겠다는 결의까지 생겼다. 그러면 집주인은 "준비성 없이 먼 길을 달리는 바보 같은 인간에게는 이렇게 대해야 버릇을 고친다"면서 자신에게 비난을 퍼부을 것 같았다.

그러면 나는 "사람이란 실수를 할 수도 있는 거요. 어쩌다 한 실수를 갖고 그렇게까지 비난할 수 있는 거요?" 하고 되받아쳐야지.

온갖 상상을 하는 동안 남자는 어느새 외딴 농장 주택에 도착했다. 이때 남자는 이미 화가 잔뜩 나 있었다. 온몸의 근육이 긴장해 집주인과 당장 한판 붙을 듯 전투태세를 갖추었다.

남자는 현관문을 쾅쾅 두드렸다. 집주인이 화를 내면 당장에 한 방 날릴 기세로 주먹까지 불끈 쥐었다.

이윽고 문이 열렸다. 잔뜩 화가 난 나그네와 달리 집주인은 부드러운 미소로 무슨 일인가를 물었다. 그래도 남자는 긴장을 풀지 않고 말했다.

"길을 가다가 자동차 연료가 떨어져서 구하러 왔소이다."

"아이고, 그러십니까? 얼마나 난감하셨어요? 저희 집 근처에서 그런 일이 있었다니 그나마 다행입니다. 저희 집에 마침 휘발유가 많이 있으니 도와드리지요."

집주인은 아무런 비난도 하지 않고 아무런 대가도 바라지 않고 남자를 기꺼이 도와주려 하였다.

남자는 도움을 청하러 오는 동안 공연히 혼자 상상 속에서 집주인과 대립하고 공격하려 했던 자신이 부끄러웠다. 그것이 모두 자기 혼자서 지어내고 만들어낸 쓸데없는 공상임을 그제야 알 수 있었다. 그 공상이 꼬리를 물고 이어져 적대감을 일으키고 직접 대면하는 순간에는 공격까지 하려 했다니 생각할수록 기가 막혔다.

이런 일은 일상생활에서 비일비재하다. 어떤 일이 일어났을 때 우리는 그 일 때문에 고통 받는 것보다 그 일에 관련된 생각으로 인해 힘든 경우가 더 많다.

가령 어린아이가 다쳤다고 하자. 그러면 아이 부모는 흉터가 생기면 어떡하지, 그 흉터 때문에 다른 아이들에게 놀림 받으면 어떡하지, 흉터 때문에 나중에 결혼할 때 지장이 생기면 어떡하지 하고 온갖 근심 걱정을 불러일으킨다.

몸이 조금 으스스해지면 큰 병에라도 걸린 건 아닐까, 감기 정도가 아닐지도 몰라, 감기를 방치해 두면 폐렴에 걸린다던데, 혹시 폐암은 아닐까 하고 상상하기도 한다.

나도 그런 경우가 있었다. 평소 위가 좋지 않아 몇 년에 한 번씩 위내시경 검사를 한다. 그때마다 약간의 위염 증세가 있다는 결과만 나오곤 했다.

몇 번 해본 내시경 검사지만 막상 검사를 시작하면 작은 카메라가 달린 호스를 위장 속으로 집어넣는 과정이 보통 괴로운 게 아니다. 그 날은 그 괴로움보다 더 큰 것이 있었다. 요즘 여러 병원에서 내시경을 위생적으로 관리하지 않아 어떤 환자의 뱃속에 들어가 묻혀온 세균을 다른 환자한테 옮기는 경우가 많다는 기사를 본 기억이 갑자기 떠올랐다.

'혹시 이 병원이?'

하는 생각이 드는 순간, 목 안쪽으로 깊숙이 들어오는 호스에 대한 거부 반응이 더욱 심해졌다. 목이 바짝 긴장하면서 구토가 일었다. 검사를 실시하는 의사가 마음을 느긋하게 먹으라면서 곧 끝난다고 달래도 마치 그 순간이 영원히 지속될 것처럼 괴로웠다.

그래도 위와 같은 사람들은 좀 나은 편이다. 아이의 상처 부위에 덧나지 않는 약을 바르면 되고, 몸이 으스스한 사람은 감기약 좀 먹고 이불 뒤집어쓰고 자면 되며, 내시경 검사는 몇 분 이내에 끝난다. 고통에 대해 적절한 조치를 취하거나 고통을 일으키는 순간이 끝나고 나면 이내 안도감이 들면서 수없이 떠오르던 근심 걱정이 사라진다. 이는 일상에서 생활인이 흔히 겪는 일이요, 있을 수 있는 불안이다. 이렇게 걱정할 줄 알기에 사람은 미래에 닥쳐올 불행을 사전에 예방하며 살 수 있다.

그러나 가능한 불안이 아닌 불안, 적절치 않은 상상, 또는 정도에 지나친 불안 걱정 때문에 고통 받는 사람들이 상담실을 찾는다.

나의 내담자 중에 그런 학생이 있었다. 이 학생은 사람들이 하는 말과 행동이 모두 자신을 향한 거라고 받아들인다. 학교에서 여학생들이 웃으며 떠들면 자신이 못났다고 비웃는 것이고, 식당에서 누군가가 밥을 먹고 일어서서 나가면 자신이 그 식당에 들어왔기 때문에 불쾌해서 나가는 것이라고 생각한다. 도서관에서 옆의 학생이 엎드려 자고 있는 것을 보면 자기 때문에 불편해서 억지로 잠을 청하는 것이라고 보고, 교수가 마른기침을 해도 자신이 마음에 안 들어서 하는 것이라고 생각한다.

"배우지 못한 범부와 잘 배운 성스러운 제자도 모두 괴로운 느낌, 즐거운 느낌, 괴롭지도 즐겁지도 않은 느낌을 느낀다. 그렇다면 범부와 성인은 어떤 다른 점이 있는가?

배우지 못한 범부는 육체적인 괴로움을 겪게 되면 근심하고 상심하며, 슬퍼하고 가슴을 치고 울부짖고 광란한다. 그는 결국 이중으로 느낌을 겪고 있는 것이다. 즉 육체적 느낌과 정신적 느낌이다. 예를 들면, 어떤 사람이 화살에 찔리고 연이어 두 번째 화살에 찔리는 것과 같다.

그러나 잘 배운 성스러운 제자는 육체적으로 괴로운 느낌을 가졌더라도 근심하지 않고 상심하지 않고 슬퍼하지 않고 가슴을 치지 않고 울부짖지 않고 광란하지 않는다. 그는 오직 한 가지 느낌, 즉 육체적 느낌만을 경험할 뿐이며, 결코 정신적인 느낌은 겪지 않는다. 예를 들면 어떤 사람이 화살에 맞았지만 그 첫 번째 화살에 연이은 두 번째 화살에는 맞지 않은 것과 같다."

〈상윳따니까야36:6 화살경〉

부처님께서는 〈화살경〉뿐만 아니라 여러 경에서 "두 번째 화살에 맞지 마라"는 말씀을 하셨다.

첫 번째 화살은 진짜 화살이다. 화살이 몸에 꽂히면 누구나 아프고 고통스럽다. 이 첫 번째 화살에 대한 고통은 인간으로 몸을 받고 태어난 이상 어쩔 수 없는 일이다. 이 인간의 한계, 인간으로서 겪어야 할 고통을 부처님께서는 고고(苦苦)라 하셨다. 본래적인 괴로움, 인간의 실존적인 괴로움을 뜻한다. 구체적으로 생로병사의 괴로움을 말한다.

두 번째 화살이란 무엇인가? 이 화살의 독이 퍼져 몸을 망치면 어떡하나, 이러다 죽는 거는 아닐까 하는 불안에서부터 이 화살을 쏜 자는 누구일까, 그 자는 무엇 때문에 내게 화살을 쏜 것일까, 그 자는 나쁜 자다, 나는 그에게 어떻게 복수할 것인가 하고 원망과 분노와 적대감 등을 갖는 것이 두 번째 화살이다. 즉 두 번째 화살이란 자기라고 인식하고 있는 것[五蘊]에 대한 애착으로 인해 생기는 고통인 행고(行苦)와, 원하는 것을 얻지 못하는 괴로움인 구부득고(求不得苦), 싫어하는 대상과 만나는 괴로움인 원증회고(怨憎會苦), 사랑하는 대상과 헤어지는 괴로움인 애별리고(愛別離苦) 등의 심리적 괴로움인 괴고(壞苦)를 말한다. 이러한 고통을 꿰뚫어보신 부처님께서 두 번째 화살 비유를 들어 말씀하신 것이다.

첫 번째 화살로 인한 괴로움은 그리 심한 것이 아니다. 이는 화살을 뽑아내고 적절한 치료를 받으면 낫는다. 그러나 두 번째 화살로 인한 괴로움은 독화살이 수백 번, 수천 번 꽂히는 것과 같은 고통으로 증폭된다. 바위 위에 수없이 들러붙은 따개비처럼 마음에 끈덕지게 달라붙어 괴롭힌다. 이들 집요한 따개비를 떼어내야 마음은 건강하게 숨쉬고, 건전하게 기능하게 된다.

그래서 심리학자들은 1차적 수준에서 세상을 보라고 했다. 좋고 싫음을 가미하지 말고, 옳다 그르다 판단하지 말고 사건을 일어난 그대로 보아야 심리적 고통에서 벗어날 수 있다고 하였다. 몸이 으스스하면 으스스한 대로, 내시경 고무호스가 목구멍에 넘어가면 넘어가는 것 그 자체만 느끼면 되지 거기에 무엇을 덧붙이지 마라는 것이다.

내담자인 그 학생은 자신에게 날아오지도 않은 화살을 스스로 꽂아 놓고서 고통스러워한 예이다. 여학생들은 자기들 일로 웃었을 테고, 교수는 목이 답답해서 마른기침을 했을지도 모른다. 그런데 그 학생은 이 모든 것을 자기와 연관시켜서 온갖 고통을 지어 냈던 것이다.

이렇게 화살이 날아오지도 않았는데 화살에 맞은 것으로 인식하 고 스스로 만들어서 고통스러워하는 사람들을 상담실에서 자주 만 난다.

일곱 번만 재수하면

초기경인 아함경에서 부처님이 재가자에게 설법하시는 내용은 대부분 보시·계·생천론이다. 부처님 법을 처음 접하는 사람에게 보시와 지계, 하늘에 태어나게 하는 공덕 등에 대해 말씀하신 것이다.

이때 세존께서는 장신 바라문을 위해 갖가지로 설법하시어 가르치고 기뻐하게 하셨다.

이른바 율과 세존의 설법 순서에 따라 계를 말씀하시고 보시, 하늘에 태어나는 공덕, 애욕에 맛들임, 재앙, 벗어나는 길의 청정함, 번뇌를 청정하게 할 것을 말씀하시어 열어 보이고 나타내셨다. 장신 바라문은 마치 깨끗하고 흰 천이 물감을 쉽게 받아들이듯이, 곧 그 자리에서 네 가지 진리를 보고, 빈틈없는 한결같음〔無間等〕을 얻게 되었다.

이때 장신 바라문은 법을 보고 법을 얻고 법을 알고 법에 들어가, 모든 의혹을 건너고 남의 구원을 받지 않으며 바른 법 안에서 두려움이 없게 되었다. 그는 곧 자리에서 일어나 옷을 여미고 오른쪽 어깨를 드러내고 합장하고 부처님께 아뢰었다.

"저는 이미 제도되었습니다. 세존이시여, 저는 오늘부터 목숨을 마칠 때까지 부처님과 법과 승가에 귀의하여 우바새가 되겠습니다. 저를 인정하여 주소서. 그리고 세존이시여, 여러 대중들과 함께 저의 공양을 받아주십시오"

〈잡아함경 제4권 93.장신경(長身經)〉

그렇다면 재가자가 이룰 수 있는 최고의 결과는 보시하고 계를 지켜 하늘에 태어나는 것뿐일까? 그보다 더 높은 경지에 이를 수는 없는 것일까?

〈중아함경 128.우바새경(優婆塞經)〉에 희망의 메시지가 들어 있다.

어느 때 부처님께서 승림급고독원에서 급고독 거사와 5백 우바새가 모인 가운데 사리자에게 말씀하셨다.

"사리자여, 만일 백의성제자(白衣聖弟子: 재가 불자)가 5법을 잘 보호하여 행하고, 또 4증상심(增上心)을 얻어 현재 세상에서 즐겁게 살며 어렵지 않은 줄을 네가 알았거든, 너는 '백의성제자는 수다원을 얻어 악법에 떨어지지 않고, 결정코 정각(正覺)으로 나아갈 것이며, 끝으로 일곱 번의 유(有)를 받아 천상과 인간에 일곱 번을 왕래한 뒤에는 괴로움의 끝을 볼 것이다'라고 기별(記別)하라."

즉 5법과 4증상심을 얻어 잘 보호하여 행하면 수다원이 되어 일곱 번 다시 태어난 뒤에는 해탈하여 열반에 들게 된다는 말씀이다. 여기서 수다원이란 초기불교에서 말하는 4쌍8배(四雙八輩) 가운데 수다원과를 말한다.

부처님은 다시 5법에 대해서 자세히 설명하셨다. 5법이란 5계를 일컫는 것으로 부처님의 설명은 다음과 같다.

제1법: 불살생(不殺生). 살생을 떠나고 살생을 단절해 칼이나 몽둥이를 버리고, 스스로에 대한 부끄러움과 남에 대한 부끄러움이 있고, 자비심이 있어서 일체 나아가 곤충에 이르기까지 요익하게 하나니, 살생에 있어서 그 마음을 깨끗이 없앤다.

제2법: 불여취(不與取). 주지 않는 것을 취하지 아니하고 단절해, 주어진 뒤에 받고 주어진 것 받기를 즐기며, 항상 보시를 좋아하고 기뻐하여 인색함이 없고 그 대가를 바라지 않으며, 도둑질의 마음에 뒤덮이지 않고 항상 스스로 자기를 보호하나니, 불여취에 있어서 그 마음을 깨끗하게 없앤다.

제3법: 불사음(不邪淫). 사음을 떠나고 사음을 끊는다. 혹 부모나 형제자매, 친족, 남편과 아내의 보호를 받고 있는 여자, 기생을 범하지 않나니, 그는 사음에 있어서 그 마음을 깨끗하게 없앤다.

제4법: 불망어(不妄語). 거짓말을 떠나고 거짓말을 끊어 진실을 말하고 진실을 즐기며, 진실에 머물러 이동하지 않으며, 일체를 믿을 만하여 세상을 속이지 않나니, 거짓말에 있어서 그 마음을 깨끗하게 없앤다.

제5법: 불음주(不飮酒). 술을 떠나고 술을 끊으니, 술을 마시는데 있어서 그 마음을 깨끗이 없앤다.

4증상심(增上心)이란 불·법·승 삼보와 계를 생각하는 마음을 뜻한다. 즉 하늘과 인간의 스승인 부처님, 구경(究竟)에 이르게 하는 부처님 법, 바른 법을 향해 나아가며 공양할 만한 복전인 사쌍 팔배의 승가, 훼손되지 않았고 진실한 자리에 머무르는 계를 생각함으로써 나쁜 욕심, 착하지 않은 더러운 마음과 시름, 괴로움, 걱정, 슬픔을 멸하고, 마음이 편안해지고 기쁨을 얻는다.

재가자도 성문사과 가운데 첫 번째인 수다원과에 이를 수 있다는 희망의 말씀이다. 수다원과는 한역으로는 예류과(預流果)로서, 무루도(無漏道)로 향하는 흐름에 들어섰음을 의미한다. 수다원과를 증득하면 7생을 윤회한 뒤에 해탈하여 열반에 이른다고 한다.

부처님께서는 이렇게 깨달음이 출가 수행자만의 몫이 아니라 재가자도 가능함을 밝혀 주셨다. 초기 불교의 전통을 지켜오고 있는 남방의 스님들 가운데는 수다원과에 드는 것을 현생의 목표로 삼는 분이 많다고 한다.

재가자라고 해서 수다원과 도달이 먼 얘기만은 아니다. 부처님께서 보장하신 대로 불법승에 대한 믿음을 갖추고, 지계와 보시를 통해 탐욕을 버리고, 사성제를 여실히 알아 지혜를 증득하면 된다.

그냥 스쳐 지나가는 사람들

　논문을 쓰기 위해 불교와 상담에 관해 쓴 여러 책과 연구물을 읽었다. 그 가운데 한 권을 보면서 불교 심리상담을 연구하는 사람으로서 여러 가지 생각이 일었다. 기존에 나온 논문과 저서를 분석하여 쓴 자그마한 책자로, 뒷부분에 저자의 의견을 덧붙여 놓았다. 이 부분에서 그 저자는 나름대로 불교상담학의 과제를 열거하였다. 그 가운데 다음과 같은 주장이 있었다.

　'불교상담학에서 종교의 냄새를 제거하는 일이 시급하다'는 것이었다. 그러면서 불교상담에서 없애야 할 종교성 가운데 하나로 '삼세 윤회설'을 들고 있었다. 또한 불교에서 말하는 깨달음을 '마음의 본성을 보는 것이라든가, 궁극의 진리에 도달하는 상태로 한정할 필요가 없이 일상에서 일어나는 작은 알아차림도 깨달음의 범주에 포함시킬 수 있다'고 주장했다. 이와 함께 불교상담을 '불교상담(佛敎相談)'과 '불성상담(佛性相談)'으로 나누고, '불교상담'은 불교적인 철학관, 인간관, 세계관을 반영한 상담을 뜻하는 것으로 사용하고, '불성상담'은 불교 신자들의 영적인 성장에 도움을 주는 종교 상담을 뜻하는 것으로 구분하며, '불교상담'은 상담학에, '불성상담'은 신앙에 비중을 두자는 의견을 내놓았다. 또한 '불교는 종교가 아니라 고도로 체계화된 수행법으로 보인다'고 말하면서 '불교에서 제시한 수행법들은 불교적 색채를 제거하기만 하면 누구나 언제 어느 곳에서나 수행할 수 있다는 장점이 있다'고 강조하고, '원하기만 하면 불교의 교리에 동의하지 않고서도 불교의 수행법에 참여할 기회나 방법이 얼마든지 있다'고도 했다. 또한 '불교를 열심히 믿는 신자는 오히려 불교상담학자로서 적절하지 못할 수도 있다', '이상적인 불교상담학자는 불교 신자가 아니면서 불교적 개념과 체험에 익숙한 사람이라고 말할 수도 있을 것이다'라고 주장했다.

불교의 종교성과 정체성을 부정하는 시각이 다분한 주장이다.

목회상담이나 기독교상담에서는 종교성을 분명히 드러내고, 지향점을 뚜렷이 밝히고 있다. '상담은 성령의 사역이다, 유능한 상담자는 성령을 떠나서는 상담을 할 수 없다'고 하며, '크리스천에게 있어서 상담이란 성령의 중생케 하시는 사역과 성화(聖化)시키는 사역의 조화 속에서 이루어져야 한다'고 주장한다. 또한 '내담자로 하여금 예수 그리스도와 관계를 갖도록 인도하며, 기독교적 가치관을 가질 수 있도록 종교적 자료를 활용하고' '성경을 도덕적 윤리적 행위의 절대적 지침서로 활용한다'고 강조한다.

또한 일반적 상담이론이나 기법이라고 하더라도 기독교의 교리와 위배될 경우 과감히 배척한다. 그 한 예로, 인간중심주의를 주창한 칼 로저스에 대해 '로저스 학파의 방법은 인간은 자율적이고 하나님의 도움이 필요 없다는 죄악된 인간의 신념을 확증하는 것이다'고 하고, '로저스 학파가 말하는 관용적인 용납(acceptance: 수용)은 크리스천이 그리스도 안에서 행하는 용납과 전혀 유사점이 없다, 그러므로 무책임한 용납이다'고 역설하며, '상담을 하면서 도덕적으로 중립적인 입장을 취하는 것은 있을 수 없는 일이다, 목회자는 잠시라도 자기의 확신을 옆으로 밀어놓을 수는 없다'고 강조하고 있다.

타종교 상담은 자신들의 상담 지향성을 이렇게 확고히 정해 놓고 있는데, 불교상담학에서 불교적 냄새를 제거해야 한다고 주장하는 것은 불교상담의 존재 이유 자체를 부정하는 것으로 느껴진다. 기독교상담·목회상담과 마찬가지로 불교상담 역시 불교의 종교적인 정체성을 명확히 하고 불교적 지향성을 잃지 말아야 한다고 생각한다.

'불교상담'과 '불성상담'으로 구분하자는 주장을 펴는 내용 중에는 불교에 대한 잘못된 견해가 들어 있다. '불교상담'은 '불교의 철학관, 인간관, 세계관을 반영하는 상담'이라고 했는데, 불교의 종교적 진리를 철학으로 폄하하는 듯하다. 또한 '불성상담'은 '불교 신자들의 영적인 성장에 도움을 주는 것'이라고 했는데, 불교가 '키우고 가꾸어 나가야 할 영적 존재'를 상정하는 듯한 오해를 불러일으키고 있다. 이러한 주장을 보면서 불교를 주제로 한 연구물들을 읽고 그것을 분석하면서도 불교의 근본 뜻은 지나치고 있는 것으로 보여 안타까웠다.

부처님께서는 인간으로 태어나기 힘들고, 또한 인간으로 태어나서 부처님 법을 만나는 것도 힘들다고 하셨다. 그래서 스님들은 강의를 받기 전에 상강례(上講禮)를 올릴 때 다음 게송을 왼다.

무상심심미묘법(無上甚深微妙法)
백천만겁난조우(百千萬劫難遭遇)
아금문견득수지(我今聞見得受持)
원해여래진실의(願解如來眞實義)

위없이 깊고 미묘한 부처님 법은 백천만겁이 지나도록 만나기 어려운데, 지금 내가 보고 듣고 지니니 부처님의 진실한 뜻을 알게 해 달라는 의미다. 백천만겁난조우의 부처님 법을 만나고서도 그 참뜻은 외면한 채 불교의 기법만 차용하자는 주장을 보니 착잡하기만 하다. 하긴, 부처님 당시에도 부처님을 직접 만나 뵙고도 깨달은 부처님을 알아보지 못하고 스쳐 지나간 사람도 있다.

부처님께서는 정각을 이루고 그 법을 펴기 위해 함께 수행했던 다섯 비구를 찾아 떠났다. 그때 길에서 외도인 우빠까를 만났다. 우빠까는 부처님을 보고 물었다.

"오, 벗이여, 그대의 눈은 매우 맑고 피부는 매우 빛납니다. 그리고 모습은 아주 행복해 보입니다. 누구를 따라서 출가하였고, 누구를 스승으로 모시고 어떤 법을 배우고 있습니까?"

그러자 부처님께서는 게송으로 답했다.

"나는 모든 것을 정복했고, 모든 것을 알았고, 어떤 법에도 오염되지 않았고, 모든 것을 버렸고, 갈애를 다한 해탈을 성취했다. 스스로 원만하게 깨달았으니 누구를 스승으로 하겠는가? 나에게는 스승이 없다. 천신을 포함하여 세상에는 나와 동등한 사람이 없으며, 나와 비교할 사람도 없다. 나는 진실로 세상의 보배이며, 내가 최고의 스승이다. 나는 올바르게 깨달았으며, 청량하고 최상의 행복인 열반을 성취했다. 나는 법륜을 굴리기 위하여 까씨로 간다. 어두운 세상에 감로의 북을 울리기 위하여."

우빠까가 다시 물었다.

"벗이여, 그대의 주장에 따르면, 그대는 최상의 승리자이겠군요"

그러자 세존께서 다시 게송으로 대답하였다.

"나와 같은 사람이 있다면 그는 참으로 승리자다. 왜냐하면 번뇌를 모두 파괴했기 때문이다. 우빠까여, 나는 사법(邪法)을 정복했으니 진실로 승리자다."

그러자 우빠까는 다음과 같이 말했다.

"벗이여, 당신이 말하는 대로 그렇게 되었으면 좋겠군요"

그러고는 머리를 흔들며 옆길로 가버렸다.

『초전법륜경(初轉法輪經)』에 나오는 장면이다.

이 외도처럼 오늘날 부처님 법을 만나고도 그냥 스쳐 지나가는 사람이 많다. 불교 수행을 하면서도 부처님을 만나지 못하고, 불교 교리를 파고들면서도 부처님 법을 참다이 만나지 못한다.

무엇 때문에 그럴까?

고봉 스님의 『선요(禪要)』에서 그 답을 찾을 수 있다.

"학인이 그릇된 지혜와 그릇된 깨달음을 수북수북 쌓아
더러운 냄새 풍겨 선지식으로 하여금 구토를 일으키게 하나니,
허물을 뉘우치고 새로운 생애를 세우려면
모름지기 밑바닥까지 다 기울여 비우고,
삼회 사회 씻고 또 씻으며
일고여덟 번 거품을 제거하고 깨끗하게 말려서
티끌만큼 냄새도 없게 해야 하리.
만약 급히 급히 대강 대강하여 깨끗이 말리지 않고
그 속에 반야 영단(靈丹)을 담는다면
썩은 물이 되는 것을 면하지 못하리라."

기존의 가치관과 판단을 버리고 깨끗이 비운 마음으로 부처님 가르침을 받아들이라는 말씀이다. 자신의 가치관은 꽉 부여잡은 채 불교의 무상·고·무아를 논하거나 불교 수행을 아무리 열심히 한들 무슨 소용이 있겠는가.

알고 보면 다 불쌍한 사람들

중학교 선생님 중에 '이득득'이란 별명을 가진 분이 있었다. '이가 득득 갈릴 정도로 싫다'는 뜻이었다. 선생님이 이런 악명을 갖게 된 데는 이유가 있었다. 성함이 비슷하기도 했지만 학생들을 너무 엄하게 다루기 때문이었다. 선생님은 말로 할 만한 일을 매로 가르쳤다. 준비물을 안 가져와도 매를 들었고, 소곤소곤 귓속말을 해도 매로 다스렸다. 연약한 여중생들을 가르치는 분으로는 좀심하게 매를 활용했다.

게다가 교사로서 해서는 안 될 일도 했다. 당시에는 교사들도 과외지도를 할 수 있었다. 그 선생님은 제자들을 모아 방과 후 과외지도를 해서 부수입을 올렸다. 거기까지는 당시 제도상 문제될 것이 없었으나, 중간고사나 기말고사를 볼 때면 과외지도 해주는 학생들에게 문제를 미리 알려주어 성적이 올라가게 했다. 이는 과외지도를 받는 학생들이 자랑삼아 떠들어서 알게 된 것이었다.

그러자 몇몇 열혈 학생들이 떨쳐 일어났다. 이런 비리 교사, 폭력 교사는 교단에서 퇴출하자는 것이었다. 나도 주동 세력에 속했다.

우리는 성명서를 쓰고 연판장을 만들어 학생들에게 돌렸다. 그리고 웅변을 잘하는 친구가 교단에 나가 이득득 선생님의 비리를 열거하고 선생님을 퇴출해야 한다고 열변을 토했다. 그러나 당시만 해도 민주주의나 사회 정의에 대한 인식이 별로 없었고, 어린 학생들이라 그런지 별 호응이 없었다. "돈 내서 과외지도 받는 아이들이 특혜 받는 건 당연한 거 아니냐?"는 반응이 대부분이었다.

결국 연설과 연판장 돌리기는 수포로 돌아가고 주동 세력들은 없던 일로 하자며 활동을 접었다.

그러나 일은 거기서 끝나지 않았다. 누군가가 이득득 선생님에게 그 사실을 고해 바친 것이었다. 주동 세력들은 선생님의 호출을 받고 교무실로 불려갔다.

선생님은 우리를 보더니 무서운 얼굴로 말했다.

"너희들이 그럴 수 있어?"

선생님은 매도 안 들고 넙죽한 손바닥으로 우리들의 따귀를 냅다 갈겼다. 때리는 힘이 어찌나 세던지 덩치가 작았던 나는 교무실 바닥에 나동그라졌다. 다른 때 같으면 그것으로 끝낼 선생님이 아닌데 그날은 딱 한 대로 마무리했다. 그리고 덧붙였다.

"내가 너희들을 얼마나 아꼈는데…."

연판장 사건은 그렇게 매 한 대로 마무리되었다.

중학교를 졸업하고 당시 주동세력들은 각각 다른 고등학교로 갔다. 1년쯤 지난 어느 날 한 친구가 전화를 걸어왔다.

"이득득 선생님이 아파서 휴직했대. 우리 한 번 찾아가 볼까?"

미운 정이 붙었는지 선생님이 휴직할 정도로 아프다니 은근히 마음에 걸렸다. 선생님이 잘못한 것은 사실이지만 그렇다고 해서 퇴출 운운하며 연판장까지 돌린 것은 제자인 우리가 좀 심했다는 생각이 들었다. 그래서 우리는 물어물어 선생님 댁을 찾아갔다.

선생님은 면목동의 단독주택에 살고 있었다. 소박하게 보이는 사모님과 초등학교도 들어가지 않은 아들 둘이 있었다. 사모님은 제자들이 찾아왔다고 반가워하며 점심 식사 대접을 위해 만두를 빚었다. 선생님은 수척해진 얼굴로 만두를 함께 빚었다. 매를 들고 호령할 때의 기개는 간 데가 없고, 초라하고 나약한 모습이었다.

그때 처음으로 이런 생각이 들었다.

'이분도 누군가의 남편이고 아버지구나. 이분도 사람이구나.'

그냥 엄하고 무서운, 비리까지 저지르는, 그래서 이가 득득 갈리는 호랑이 선생님으로만 보였던 분이 처음으로 한 사람의 인간으로 다가왔다.

그로부터 몇 달 후, 이득득 선생님이 암으로 돌아가셨다는 말을 전해 들었다. 젊은 부인과 어린 두 아들을 두고….

이득득 선생님과 있었던 사건은 어른이 된 이후 사회생활을 할 때 큰 도움이 되었다. 직장생활이나 모임의 사람 중에 간혹 괜히 불편하거나, 내 입장에서 봤을 때 이유도 없이 괴롭히는 사람을 만날 때가 있다. 그럴 때면 상대방이 한없이 미워지다가도 '이득득 선생님처럼 이 사람도 사람이지. 이 사람도 자기 나름대로 뭔가 이유가 있을 거야. 이 사람도 자기 삶을 살아가기 위해 애쓰는 걸 거야' 하고 이해하려고 노력하게 되었다.

해리 팔머가 개발한 아봐타 코스에서 '자비심 연습'을 하는 과정이 있다. 불교의 사무량심(四無量心) 중 자무량심(慈無量心)과 비무량심(悲無量心)을 현대적으로 바꾸면 이렇게 될 것으로 보인다.

이 연습은 상대방의 눈에 띄지 않게, 좀 떨어져서 한다. 같은 사람에게 주의를 쏟으면서 다음의 문구를 혼잣말로 반복하는 것이다.

1. 나와 똑같이 이 사람도 자기 삶에서 행복을 찾고 있다.
2. 나와 똑같이 이 사람도 자기 삶에서 고난을 피해보려 하고 있다.
3. 나와 똑같이 이 사람도 슬픔과 외로움과 절망을 겪어 알고 있다.
4. 나와 똑같이 이 사람도 자기의 욕구를 충족시키려 하고 있다.
5. 나와 똑같이 이 사람도 삶에 대해 배우고 있다.

이런 말을 되뇌다 보면 상대방에 대한 미움이 저절로 사그라지게 된다는 것이다.

연세가 지긋한 어른들이 하는 말 중에 공통적인 게 있다. "내 얘기를 소설로 쓰면 몇 권이 될 거다"는 말이다. 그만큼 살아온 인생 역정이 험난하고 고달팠다는 뜻일 것이다. 자신만큼 힘든 세월을 보낸 사람이 없을 거라는 의미도 들어 있다.

상담실에 오는 사람들도 비슷하다. 자신이 세상에서 가장 불행하다거나, 자신만 괴로움을 겪고 있다거나 자신만 억울하다고 하소연한다. 왜 하필 내가 이런 일을 겪는가, 왜 하필 내게만 이런 고통이 찾아오는가 하고 원망한다.

부처님께서는 이런 사람들에게 어떤 답을 주셨을까? 〈증일아함경 제48권 선취품(善聚品) 〔7〕〉을 보면 알 수 있다.

파라리국의 문다 왕의 부인이 어느 날 목숨을 마쳤다. 왕은 사랑하는 부인을 잃자 식음을 전폐하고 왕이 해야 할 일도 하지 않았다. 그러자 선념이라는 신하가 왕에게 부처님의 제자 나라타 존자를 찾아갈 것을 권했다. (부처님은 이미 입멸하신 뒤였다.)

문다 왕이 나라타 존자를 찾아가자 존자가 말했다.

"대왕이시여, 마땅히 알아야만 합니다. 잃게 되어 있는 것은 반드시 잃습니다. 그런 까닭에 이렇게 생각해야 합니다. '내가 지금 잃은 것은 나 혼자만 그런 것이 아니다. 다른 사람도 이런 일이 있다. 내가 그것을 가지고 근심하고 걱정한다면 옳지 않은 일이다.'"

집단상담을 하면 각자 자신의 문제와 어려움을 드러내게 된다. 이때 참석자들은 다른 이의 사연과 상황을 통해 '나만 그런 게 아니다. 다른 사람들도 이런 일이 있다'는 통찰을 갖게 된다. 이를 전문적 용어로 '보편성'이라고 한다. 즉 자기만 유독 비참하고 끔찍한 것이 아니라 다른 사람들도 똑같은 갈등을 지니고 인생을 살아가고 있다는 것을 확인하고 위안을 받으며 용기를 갖고 살아가게 되는 것이다.

그렇다. 사실 우리는 모두 깨닫지 못하는 한 생로병사의 고통을 겪을 수밖에 없다. 그 안에서 누구는 조금 더 악의가 있어 보이고 누구는 좀 더 비참해 보이지만, 실은 우리는 모두 '알고 보면 불쌍한 사람들'이다. 그래서 부처님께서는 모든 존재에게 무량한 자비심을 가지라고 하셨을 것이다. 부처님께서 설하신 〈숫타니파타 제1품 8.자애경(慈愛經)〉을 요약해 본다.

널리 이로운 일에 능숙하여 적정의 경지 이루려는 이는
유능하고 정직하고 고결하고 상냥하고 온유하고 교만하지 말지니라.

분노 때문이든, 증오 때문이든 남의 고통을 바라지 말지어다.

마치 어머니가 하나밖에 없는 아들을 목숨 바쳐 구하듯
서 있거나 가거나, 앉아 있거나 누워 있거나,
깨어 있는 한 자애의 마음을 굳게 새길지어다.

멍석을 깔아야

중국 선사인 신찬(神贊) 스님은 본래 계현(戒賢) 스님의 제자였다. 신찬 스님이 어느 때 스승을 떠나 백장(百丈) 선사에게 가서 공부를 했다. 백장 선사 문하에서 깨달음을 얻은 뒤 옛 스승인 계현 스님에게 돌아오자 스승이 물었다.

"네가 나를 떠나 밖에서 무슨 일을 하였느냐?"

"아무것도 한 일이 없습니다."

이후 어느 날 스승이 목욕을 하면서 신찬 스님에게 등을 밀게 하였다. 그러자 신찬 스님이 스승의 등을 두드리면서 말했다.

"좋은 법당이로다. 그런데 부처가 신령스러움이 없구나."

스승이 뒤를 돌아보자 신찬 스님이 다시 말하였다.

"부처가 비록 신령스럽지는 않으나 방광은 잘 하는구나."

하루는 스승이 창문 아래에서 경전을 읽고 있는데, 벌 한 마리가 창을 뚫고 나가려고 하였다. 신찬 스님이 그것을 보고 게송을 읊었다.

"열려 있는 문으로 나가려 않고
창문 뚫으려 몸 던지니 매우 어리석도다.
일생 동안 묵은 종이만 뚫어지게 본들

어느 날에 벗어날 기약하리오"

게송을 듣고 스승이 경전을 덮으며 물었다.

"네가 행각할 적에 누구를 만났느냐? 내가 너를 지켜보니 말하는 것이 보통 때와 다르다."

"제가 백장 화상이 보이신 본분도리를 깨달았습니다."

신찬 스님이 대답했다.

스승은 이 사실을 대중에게 알리고 신찬 스님에게 설법해 줄 것을 청하였다.

신찬 스님은 대중 법문에서 말하였다.

"신령스런 빛 홀로 빛나 멀리 육진 경계를 벗어났으며,

진상을 그대로 드러내어 문자에 걸리지 않네.

마음은 물듦이 없어 본래 스스로 원만히 이루어져 있으나

다만 허망한 인연을 여의기만 하면 그대로가 부처로다."

스승이 감격하여 말했다.

"어찌 늘그막에 와서 최고의 법문을 들을 줄을 기대했겠는가!"

『경덕전등록』 권9에 나오는 일화다. 스승과 제자의 입장이 거꾸로 되었음에도 거북해하거나 불편해하지 않고 가르침을 주고받는 장면이 참으로 아름답다.

여기서 또 하나 짚고 넘어갈 부분이 있다. 스승이 제자의 범상치 않은 태도를 보고 제자가 한소식했음을 알아차린 뒤, 바로 그 자리에서 "그래, 네가 깨달은 바가 뭐냐, 그것 좀 말해 다오" 하고 요청하질 않았다는 것이다. 정식으로 대중을 모아 놓고 법석을 차린 다음 청법(請法)을 했다는 점이 중요하다. 비록 제자에게 청하

는 법문이지만, 법문을 들을 때는 아무 때나 아무곳에서나 듣는 것이 아니라, 이렇게 정식으로 자리를 마련해 만반의 준비를 갖춘 다음 들은 것이다.

심리상담을 직업으로 갖고 나니 난감한 일을 당할 때가 종종 있다.
"상담을 전공하셨다면서요? 나 요즘 고민이 많은데 상담 좀 해 주세요"
처음 만난 사람이 갑자기 아무 장소에서나 고민을 길게 털어놓는다.
"저, 조금 전에 강의하신 내용 중에 저희 애하고 비슷한 게 있어서요. 저희 애가 말예요…"
강의를 끝내고 강의실을 나설 때면 팔을 붙잡는 사람이 있다. 다음 일정이 있어서 급히 나가는지, 또는 다른 사정이 있는지 묻지도 않고 자신의 사정을 토로한다.
"어머, 오랜만이시네요. 그런데 말예요. 요즘 우리 이웃집 아저씨가 바람을 피우나 봐요. 그 집 애기엄마가 고민이 말이 아니에요"
길을 가다가 우연히 마주쳐도 상대방 사정은 아랑곳하지 않고 남의 집 가정사까지 늘어놓는다.
전화는 더 심하다. 전화란 매개체가 상대가 어떤 상태에 있는지 알 수 없기 때문인 탓이다. 회의 중이고 식사 중이고 가리지 않고 걸려오는 전화, 그 전화에 대고 친구와 싸워서 속상한 얘기, 오해받아서 억울한 얘기를 길게 털어 놓는다. 역시 전화를 받는 사람의 입장이 어떤지는 별로 고려하지 않는 눈치다. 지금 바빠서 전화를 받기 곤란하다고 해도 "잠깐만요, 이것만 여쭤볼게요" 하고 다급하게 자신의 말을 이어간다. 사정이 있어서 할 말 다 못한 상태에서 전화를 마무리하면 상담자인데 불친절하다느니 어쩌니 하는 뒷말이 들려오기도 한다.

상담이란 이런 게 아니다. 상담자라고 해서 24시간 상담을 대기하고 있는 것은 아니다. 상담을 할 때는 상담 환경을 만드는 것이 중요하다. 가수가 노래 부를 때 무대며 음향기기, 반주, 청중 등이 필요하듯, 상담에도 세팅이 필요하다.

우선 외부적인 상담 조건이 갖추어져야 한다. 상담자와 내담자의 목소리가 밖에 새어나가지 않는 조용한 공간이 필요하다. 두 번째로는 상담자가 준비가 되어야 한다. 급한 일로 서두르는 마음이 있어서도 안 되고, 복잡한 개인사로 마음이 산란해서도 안 된다. 왜냐하면 상담에서 유일한 도구는 상담자 자신이기 때문이다. 상담자가 고요해야 내담자와 내담자의 문제를 바로 볼 수 있다. 세 번째로는 내담자도 준비가 되어 있어야 한다. 내담자가 상담에서 도움을 받기보다 그냥 하소연이나 하려고 한다든가, 이웃에 대한 흉이나 보려고 한다든가, 감정만 쏟아 놓으려고 해서는 상담이 제대로 이루어지지 않는다.

그러므로 상담은 환경 요건을 제대로 갖춘 장소에서 약속한 시간에 진행을 하는 게 좋다. 또한 상담자도 생활을 하는 사람이니만큼 상담자의 사생활, 상담할 수 있는 상황인지 아닌지 살피는 게 기본이다. 이런 점을 지키려면 정식으로 상담을 요청해서 제대로 세팅을 한 다음 상담을 진행해야 한다. 그래야 상담에 효과가 있다.

부처님께서는 누가 찾아오든 꺼리지 않고 내담자를 받아들였다. 하지만 내담자가 준비가 돼 있지 않았을 때는 부처님도 상담을 해주지 않았다.

그때에 세존께서는 이른 아침에 가사와 발우를 들고 기사굴산에서 나와 왕사성에 들어가 밥을 빌었다. 때에 아칠라 가섭은 볼 일이 있어 왕사성을 나와 기사굴산으로 향하다가 멀리서 세존을 보고는 부처님 계신 곳에 나아가 여쭈었다.
"물을 일이 있사온데 혹 한가하시면 대답해 주시겠나이까?"
부처님께서는 아칠라 가섭에게 말씀하셨다.
"지금은 이야기할 때가 아니다. 나는 지금 성에 들어가 밥을 빌려 한다. 밥을 빌고 돌아오면 그때에는 너를 위해 말하리라.…"
〈잡아함경 제12권 302.아지라경(阿支羅經)〉

걸식하러 가시는 도중에 법을 청한 것도 때에 안 맞았겠지만, 내담자가 별로 절실하지 않은 마음으로 청했기 때문에 거절하신 것 같다.

신찬 스님과 스승의 일화를 보면서, 스승이 제자에게 법문을 청할 때도 정식으로 자리를 마련하는 법도를 가진 승가의 가풍이 참으로 멋지게 보인다. 상담을 하는 사람도 받는 사람도 이런 점을 배워서 제대로 된 상담을 해야 할 것이다. 상담도 법석(法席)도 멍석을 간 다음에 벌여야 여법(如法)한 것이다.

지는 꽃이 아름답다

　　1990년대 중반 미국 샌프란시스코에 몇 달 머무른 적이 있다. 아름답기로 유명한 도시답게 도시 전체에 꽃이 만발해 있었다. 계절의 차가 별로 없는데다가 우리나라 초가을 날씨 비슷한 기후 덕분에 사시사철 꽃이 지는 법이 없었다.

　　처음 한두 달은 주택가 집집마다 소담스럽게 피어난 꽃들이 아름답기 그지없게 느껴졌다. 지상천국이 따로 없다 싶었다. 그러나 몇 달 지나면서 갑자기 그런 꽃들이 권태롭게 느껴졌다. 늘 같은 자리에 같은 모습으로 피어 있으니, 꽃의 아름다움마저 빛을 잃는 것이었다. 물론 같은 꽃송이가 계속 피어 있는 것이 아니라 어느 송이는 피고 어느 송이는 지고, 송이마다 피고지고를 거듭하겠지만, 세밀하지 못한 인간의 눈에는 같은 꽃이 항상 피어 있는 것처럼 보였기 때문이었다.

　　사계절이 뚜렷한 우리나라의 꽃은 피어날 때는 감탄을 자아내고, 질 때는 한탄을 토하게 한다. 봄철이면 서로 다투듯 와─ 하고 피어났다가 여름이 되면 푸르른 잎사귀 사이로 살며시 꽃잎을 떨

216

구며 작은 열매를 정성껏 맺어가기 시작한다. 그러다가 가을이 되면 나뭇잎마저 붉게 물들다가 이내 뚝뚝 떨어지고 결국은 앙상한 나뭇가지만 남는다. 그렇게 떨어진 나뭇잎은 겨울을 나는 동안 거름이 되고 자양분이 되어 다음해 새 봄을 약속한다.

그랬다. 우리나라의 봄꽃이 그렇게 찬란했던 것은 곧 지고 말리라는 아쉬움을 내포하고 있기 때문이었다.

하이랜더라는 외국 영화가 있다. 불사신(不死身)들이 등장하여 결투를 벌인다. 불사신으로 태어난 사람은 여럿이지만, 불사신은 한 명만 존재해야 한다는 규율 때문에 서로 결투를 하고, 상대방을 이기면 그 생명력을 얻어 다시 목숨을 이어간다. 이렇게 수백 년을 살아간다.

그렇다면 그런 불사신이 과연 행복한가? 영화 속에서조차 그다지 행복해 보이지 않는다. 자신이 살아 있는 동안 수없이 많은 다른 사람이 생을 다하고 죽어가는 모습을 보면서 혼자 살아남는 심정은 과연 어떠할지… 상상만 해도 끔찍하다.

그런데 우리네 삶을 보면 대부분의 사람들이 불사신을 꿈꾼다. 한 번 좋은 자리를 차지하면 그걸 내놓지 않으려고 움켜잡는다. 물러날 때가 되어도 물러나지 않고, 밀어내야 억지로 밀려난다. 큰 정치판에서도 그렇고 작은 친목 모임의 장(長)도 마찬가지다. '자리'를 목숨처럼 부여잡고 빼앗기지 않으려 안간힘을 쓴다.

도대체 무엇이 그렇게 '자리'에 연연하게 하는 걸까? 답은 '힘'으로 귀착된다. 그 자리에 있을 때 누렸던 권력의 맛, 그로 인해 얻었던 부수적 이익, 그로 인해 남들에게 대접받으면서 느꼈던 으쓱한 기분을 쉽게 놓을 수가 없는 것이다. 그래서 정치판에서는 제대로 된 후계자를 양성하지 않고, 학계에서는 똑똑한 제자를 키우지 않고, 친목 모임에서조차 인물이 두드러지는 사람은 경계의 눈빛으로 본다. 현재 자신이 갖고 있는 파워를 빼앗길까봐 두려워서다. 권력의 꿀맛을 혼자서만 맛보고 싶어서다.

부처님께서는 어떻게 하셨을까? 부처님께서도 혼자만 존경받고 혼자서만 교단을 이끌어 가기를 원하셨을까?
〈잡아함경 제41권 1142.납의중경(衲衣重經)〉에서 부처님의 마음을 엿볼 수 있다.

그때 존자 마하가섭은 오랫동안 사위국의 한적한 곳에서 수행하다가 수염과 머리를 기르고 해진 누더기 옷을 입은 채 부처님의 처소로 찾아갔다. 그를 본 비구들은 업신여기는 마음이 생겨 이렇게 말했다.
"저 사람은 어떤 비구이기에 의복이 누추하고 위용도 없이 옷자락을 펄럭이며 오고 있는가?"
그때에 세존께서는 비구들이 무슨 생각을 하고 있는지 아시고 마하가섭에게 말씀하셨다.
"잘 왔구나, 가섭이여. 여기 자리 반을 비워 두었으니 이 자리에 앉아라. 나는 이제야 마침내 알았다. 누가 먼저 집을 나왔던가? 그대인가, 나인가?"
그곳에 있던 여러 비구들은 마음에 두려움이 생겨 온몸의 털이 곤두섰다. 그들은 서로 말하였다.

"여러분, 이상하다. 저 존자 마하가섭에게는 큰 덕과 힘이 있는가 보다. 그는 우리 스승의 제자인데도 스승님께서 반자리〔半座〕로 청하신다."

그때 존자 마하가섭은 합장하고 부처님께 아뢰었다.

"세존이시여. 부처님께서는 제 스승이시요, 저는 제자이옵니다."

부처님께서는 가섭에게 말씀하셨다.

"그렇다. 나는 그대의 스승이고 그대는 내 제자다. 그대는 우선 앉아라. 그리고 편안한 자세를 취하라."

존자 마하가섭은 부처님 발에 머리를 조아려 예를 올리고 한쪽에 물러나 앉았다. 그때 세존께서는 여러 비구들을 경계해 깨우쳐 주고, 또 존자 마하가섭도 당신이 얻은 훌륭하고 광대한 공덕과 같다는 것을 대중에게 나타내시기 위해 다시 비구들에게 말씀하셨다.

"나는 탐욕과 악하고 착하지 않은 법을 여의고, 각(覺)도 있고 관(觀)도 있는 초선(初禪)을 완전히 갖추어 낮이나 밤이나 혹은 밤낮없이 머무른다. 마하가섭도 나처럼 탐욕과 악하고 착하지 않은 법을 여의고, 초선을 완전히 갖추어 낮이나 밤이나 혹은 밤낮없이 머무른다. 나는 제2선, 제3선, 제4선을 완전히 갖추어 머무르려고 하면 낮이나 밤이나 혹은 밤낮 없이 머무르고, 저 마하가섭도 또한 제4선을 완전히 갖추어 낮이나 밤이나 혹은 밤낮 없이 머무르느니라. 나는 내가 원하는 대로 자애로움, 불쌍히 여김, 기뻐함, 평정, 허공의 경계, 의식의 경계, 아무 존재도 없는 경계, 생각하는 것도 아니요 생각하지 않는 것도 아닌 경계와 신통 경계인 천이(天耳), 타심지(他心智), 숙명지(宿命智), 생사지(生死智), 누진지(漏盡智)를 완전하게 갖추어 밤이나 낮이나 혹은 밤낮으로 머문다. 저 가섭 비구 또한 그와 같이 번뇌가 다한 지혜를 완전하게 갖추어 낮이나 밤이나 혹은 밤낮으로 머무르느니라."

　세존께서 한량없이 많은 대중들 가운데서 마하가섭의 광대하고 훌륭한 공덕이 당신과 같음을 찬양하시자, 여러 비구들은 부처님의 말씀을 듣고 기뻐하며 받들어 행하였다.

　부처님께서는 마하가섭 존자가 성취한 바를 넘칠 만큼 인정해 주시고, 당신의 자리를 절반이나 내어주며 함께 앉기를 권했다. 이처럼 제자를 온전히 인정해 주는 스승이 어디에 또 있을까?

　혼자서만 전권을 휘두르려 하고 자기만 존중 받으려 하는 오늘날의 스승, 오늘날의 좋은 자리 임자들과 참으로 대조되는 모습이다. 부처님이 인정해 주셨기 때문에 마하가섭은 부처님 열반 후 불법을 널리 펴고 교단을 이끌어가는 모든 책임을 맡아 법맥을 이어 나가게 되었다.

　꽃은 져야 열매를 맺을 수 있고, 미래를 기약할 수 있다. 그래서 지는 꽃이 더욱 아름다운 것이다.

꽃미남 스님의 수난

상담자에게 요구되는 도덕 수준은 여타 직종에 비해 매우 높다. 상담자는 전문적인 능력을 갖춤과 동시에 인간적 자질도 훌륭히 갖추어야 한다. 이런 점을 염두에 두고 상담을 하다 보면 마치 성직자의 길을 가는 것처럼 느껴져 버거울 때가 많다.

상담자가 갖추어야 할 인간적 자질로는 '원숙한 인격', '인간에 대한 관심', '모호한 것에 대한 인내', '감수성', '이해력', '내담자와의 의사 및 감정 소통 능력' 등이 있다. 상담을 할 때는 '객관성'을 갖추고, '내담자에 대한 존경심'을 가져야 하며, '상담자 자기 자신에 대한 이해'가 있어야 한다.

이밖에도 더욱 구체적인 윤리 규준이 있다. 상담 내용에 대한 비밀 유지, 내담자와 이중적 관계를 맺지 않기 등이 그것이다. 비밀 유지 조항도 지키기 어렵지만, 실제적으로 사건이 표면화되어 상담자로서의 위상에 큰 타격을 가하게 되는 규정이 '이중적 관계 금지' 항목이다. 여기서 말하는 이중적 관계에는 상담자-내담자 관계 이외의 관계, 즉 성적 관계나 금전 관계 등을 말한다. 이 가운데서도 '성적 관계'가 물의를 일으키는 주범이 되곤 한다.

한국상담심리학회는 윤리강령 제4조 나항에 '성적 관계'에 대해 다음과 같이 규정해 놓았다.

(1) 상담심리사는 내담자와 어떠한 종류든 성적 관계는 피한다.
(2) 상담심리사는 이전에 성적인 관계를 가졌던 사람을 내담자로 받아들이지 않는다.
(3) 상담심리사는 상담관계가 종결된 이후 최소 2년 내에는 내담자와 성적 관계를 맺지 않는다. 상담 종결 이후 2년이 지난 후에 내담자와 성적 관계를 맺게 되는 경우에도 상담심리사는 이 관계가 착취적인 특성이 없다는 것을 철저하게 검증해야 한다.

상담에서는 왜 상담자와 내담자의 '관계', 특히 '이성 관계'에 이러한 제약을 가하는 것일까? 무엇보다 내담자를 보호하기 위해서다. 내담자는 심신이 가장 취약할 때 상담자를 찾는다. 그렇다 보니 상담자가 하는 말 한 마디, 한 마디에 깊은 영향을 받게 되고, 자신의 말을 들어주고 공감하고 도움을 주기 위해 애쓰는 상담자에게 호감이 가기 마련이다. 자연히 상담자에게 기대게 되고 성적인 감정까지 가질 수 있다. 물에 빠진 사람이 지푸라기를 잡는 것과 같은 격이다.

이럴 때 갖는 성적인 감정이나 상대방에 대한 판단이 과연 합리적일 수 있을까?

또 하나는 내담자의 '유혹적인 행태' 자체가 병의 한 증상일 수 있다는 점이다. 이런 내담자는 다른 사람을 유혹하여 자신을 좋아하게 함으로써 존재 가치를 느끼며, 한쪽에서 욕구가 채워지고 나면 또 다른 대상을 찾아 같은 행동을 반복한다. 이런 환자와 성적 관계에 빠지면 상담자는 환자의 병 증상만 더해 주는 결과를 초래한다.

반대로 상담자에게 해결되지 않은 성적 문제가 있어 내담자의 복리를 고려할 수 없는 경우도 있다. 이럴 정도로 자신의 문제에 휘말려 있는 상태라면 심리적 건강을 회복할 때까지 상담을 해서는 안 될 것이다. 내담자의 문제를 해결하고 인간적 성숙에 도움을 주기는커녕 해를 끼칠 수 있기 때문이다.

부처님 시대에도 내담자(일반 신도나 외도 등)가 상담자(부처님 또는 부처님 제자)를 유혹하는 사례가 있었다. 특히 외모가 수려해서 여성들에게 인기가 많았던, 요즘 표현으로 '꽃미남'이었을 것으로 짐작되는 아난다 존자가 수난을 많이 당했다. 이럴 때 아난다 존자는 어떻게 대처했을까?〈잡아함경 제21권 564.비구니경(比丘尼經)〉에 일화가 들어 있다.

어느 때 부처님께서는 사위국 제타숲 외로운 이 돕는 동산에 계셨는데, 존자 아난다도 거기 있었다. 때에 어떤 비구니는 존자 아난다에게 연모하는 마음을 일으켜 사람을 보내 존자 아난다에게 사뢰었다.

"저는 병이 들어 앓고 있습니다. 존자는 가엾게 여겨 보아 주소서."

존자 아난다는 이른 아침에 가사를 입고 바리를 가지고 그 비구니에게로 갔다. 그 비구니는 멀리서 존자 아난다가 오는 것을 보고, 몸을 드러낸 채 상 위에 누워 있었다.

존자 아난다는 멀리서 그 비구니의 몸을 보고는 곧 모든 근(根)을 거두고 몸을 돌려 서 있었다. 그 비구니는 존자 아난다가 모든 근을 거두고 몸을 돌려 서 있는 것을 보고 그만 무안해서 일어나 옷을 입고 자리를 편 다음 존자 아난다를 맞아들여 앉기를 청하고, 머리를 조아려 그 발에 예배하고 한쪽에 물러나 섰다. 때에 존자 아난다는 그를 위해 설법하였다.

"누이여, 이따위 몸이란 더러운 음식으로 자라났고, 교만으로 자라났고, 탐애로 자라났고, 음욕으로 자라난 것이다."

존자 아난다가 이렇게 설법하자, 그 비구니는 티끌과 때를 멀리 떠나 법눈이 깨끗하게 되었다.

그 비구니는 존자 아난다의 발에 예배하고 사뢰었다.

"저는 이제 고백하고 허물을 뉘우칩니다. 어리석고 착하지 못해 어쩌다 이러한 씻지 못할 따위의 일을 저질렀습니다. 이제 존자 아난다 님 앞에서 스스로 허물을 보고 허물을 알아 고백하고 참회합니다. 가엾이 여기소서."

아난다 존자는 구도자(상담자)로서 조금도 마음이 흔들리지 않고 청정심과 평정심으로 비구니(내담자)를 대했다. 그제야 비구니는 자신의 허물을 바로 보고 참회하게 되었다. 아난다 존자가 비구니의 유혹을 물리치지 못하고 휘말려 들었다면 두 사람은 일시적인 육체적 쾌락은 즐겼을지 모르나 심적으로는 지옥의 구렁텅이에 빠져들었을 것이다.

오늘날의 상담자 역시 내담자와 '성적 관계'라는 '이중관계'를 맺을 '위기'가 닥쳤을 경우 아난다처럼 '모든 근을 거두고 몸을 돌리는 것'이 지켜야 할 윤리 가운데 하나다.

제7장

‖

그대 옆의 귀인(貴人)

꼭지가 떨어질 때까지

옛날 어떤 나라에 위세 당당한 장자가 살고 있었다. 사람들은 그의
마음을 사려고 갖은 아부를 다했다.

그 장자는 침을 뱉는 버릇이 있었다. 그가 땅에 침을 뱉으면, 사람
들은 앞을 다투어 와서 발로 밟아 침을 없애 버렸다.

어떤 어리석은 사람이 자신도 장자의 침을 밟아 없애서 아부를 하
려 하였으나 행동이 민첩하지 못해 기회를 얻을 수가 없었다. 그러자
그는 남들보다 먼저 행동하기 위해 꾀를 냈다. 그래서 장자가 침을 뱉
으려고 입에 침을 모으는 것을 보고는 곧 발로 장자의 입을 밟았다.

〈잡비유경(雜譬喩經) 비구도략집(比丘道略集) 14〉

심리상담에서 유념하라고 강조하는 것이 '앞서가지 마라'는 말
이다. 내담자가 준비될 때까지 기다렸다가 함께 가라는 뜻이다. 함
께 가기 보다는 내담자의 한 보 뒤에 서서 갈 수 있는 인내심이
있다면 더욱 좋은 일이다.

그러나 상담을 하면서 내담자의 속도에 맞추기란 쉽지 않다. 상
담자란 사람들이 이론적으로도 경험적으로도 아는 게 너무 많기

226

때문이다.

내담자는 자기 문제에 휘말려, 또는 자기감정에 휩싸여 시야가 좁아질 대로 좁아져 있다. 이를 터널 비전이라고 한다. 터널에서 세상을 보는 것처럼 시야가 좁다는 뜻이다.

아는 것도 많고 보이는 것도 많은 상담자로서는 이런 내담자가 답답할 수밖에 없다. 그렇다 보니 내담자의 상태는 제대로 헤아릴 겨를도 없이, 이런 저런 해결책을 제시하고 방향을 찾아서 내담자 팔을 이끌곤 한다. 마치 어리석은 사람이 장자가 침을 뱉을 것을 미리 예상하고 입을 발로 밟는 것과 같다.

경험이 많은 상담자들은 '경청하기' '반영하기' '명료화하기' '요약하기' '촉진하기' '공감하기' '연결 짓기' '질문하기' 등 여러 가지 상담 기법 가운데 '해석'과 '직면'을 쓸 때 가장 신경을 쓴다. 마치 예리한 칼날을 손에 쥔 듯 매우 조심해서 다룬다.

'해석'이란 내담자로 하여금 자기의 문제를 새로운 각도에서 이해하도록 그의 생활 경험과 행동의 의미를 설명하는 것이다. 어떤 상담 이론에 근거를 두느냐에 따라 해석의 내용이 달라지긴 하겠지만, 상담자가 해석을 통해 내담자에게 새로운 참조체계를 제공한다는 점에서는 공통적이다.

해석이 타당하냐 하지 않느냐는, 상담자의 견해에 내담자가 동의하느냐, 조금 더 나아가 내담자가 그 해석에 만족하느냐에 달려 있다. 그러나 객관적으로 타당한 해석이라 하더라도, 또한 그 내용에 대해서 내담자가 동의한다고 하더라도, 내담자가 만족해하지 않는 경우가 많다. 바로 시기가 적절하지 않을 때이다. 내담자가 그러한 해석을 받아들이고 자기 것으로 수용할 만한 준비가 되어 있어야만 해석이 제 역할을 다 해낼 수 있는 것이다.

직면도 마찬가지다. 직면이란 내담자의 언어와 행동에서 불일치하는 점을 짚어 주는 것이다. 가령, 말하는 내용은 슬픈데 얼굴은 웃고 있다든가, 목소리는 떨리고 있는데 아무렇지도 않다며 짐짓 태연을 가장한다든가 하는 것이다. 이런 점을 직면시킴으로써 내담자가 진짜 자기와 만나게 하는 것이다. 이럴 때 직면은 '돌보는 직면'이라야 하고, '초대'여야 한다. 그래야 내담자가 거부하거나 방어하지 않고 자기 자신을 탐색해 가고 통찰을 이룰 수 있기 때문이다.

과일은 설익으면 꼭지가 떨어지지 않는다. 칼이나 가위로 잘라야 한다. 그렇게 강제로 따낸 과일은 풋내가 나서 먹을 수 없거나 한참 묵혀 두어야 비로소 단맛이 돈다.

상담도 마찬가지다. 꼭지가 저절로 떨어져 나올 정도로 무르익은 과일처럼, 내담자가 준비가 되어 상담의 내용과 기법을 받아들일 수 있을 때까지 기다려야 한다.

이렇게 보면, 상담이란 보통 내공이 필요한 작업이 아니다.

나도 세상 사람들처럼 말한다

'사람들이 좋다, OO가 좋다!'

직장 다닐 때 가장 좋아하던 광고 문구다. OO에는 맥주 이름이 들어 있다. 회사 업무를 마치고 직장 동료들과 둘러앉아 이야기꽃을 피우며 술 한 잔 하는 그 행복감이란…. 직장 상사를 씹노라면 안주가 필요 없었고, 국가지대사를 논하느라 밤을 새는 줄 몰랐다. 그때 술을 마시면서 "잔은 채워야 맛!" "사촌이 따라도 이성이 따라야 맛!"이라며 농을 주고받곤 했다.

당시 함께 근무하던 순진한 여자 선배, 그 농담이 멋지게 느껴진 듯했다. 언젠가 한 번 써먹어야지 하고 벼르던 그 선배, 하필이면 회사 사장이 신년 하례회에서 전 직원에게 포도주 한 잔씩 따라 주는 근엄한 자리에서 그 말을 하고 말았다. 사장이 잔에 포도주를 조금 따르자 "잔은 채워야 맛이죠" 하는 바람에 사장을 수행하던 비서들이 기겁을 했다.

말이란 때와 장소에 맞추어야 한다는 것을 고려하지 못해서 일어난 해프닝이었다.

몇 해 전, 골목길을 가다가 작은 교통사고를 냈다. 오가는 사람이 많은 좁은 길이라 브레이크에 발을 올려놓고 천천히 가던 중이었다. 앞서 걸어가던 여자가 길을 걸으며 캔 주스를 먹느라 고개를 쳐들더니 하이힐의 균형을 잃고 기우뚱하면서 내 차 쪽으로 발을 디뎠다. 그 바람에 차의 앞바퀴가 여자의 발등을 치게 되었다. 경위야 어찌 되었든 발등에 바퀴자국이 선명히 났으니 차에 태워 병원으로 데리고 갔다.

"피해자는 누구고, 가해자는 누구죠?"

병원 원무과 직원의 질문에 정신이 아뜩해졌다. '가해자'란 단어가 주는 엄청난 무게 때문이었다.

그때 간호사가 와서 안내했다.

"다치신 분은 이리로 오시고요, 운전하신 분은 수납에 가서 돈 내고 오셔요"

간호사의 말을 듣고 나서야 정신이 어느 정도 수습되었다. '가해자'에서 '운전하신 분'으로 바뀌는 순간 겨우 마음에 안정을 되찾을 수 있었던 것이다.

상담은 대화를 기본 전제로 하는 일이다. 따라서 말이 매우 중요하다. 교통사고 처리 과정에서 단어 하나의 비중이 얼마나 큰가를 실감한 경험 덕분에 상담 시에 늘 언어 선택에 주의를 기울이게 된다.

부처님께서는 언어를 어떻게 다루었을까? 〈잡아함경 제2권 38. 비하경(卑下經)〉을 통해 추측해 볼 수 있다.

어느 때 부처님께서는 사위국 제타숲 외로운 이 돕는 동산에 계시면서 여러 비구에게 말씀하셨다.

"세상 사람들은 직업을 가지고 여러 가지로 재물을 구해 살아가면서 또 부자가 된다. 이것은 세상 사람들이 다 아는 바로서 나도 또한 세상 사람이 아는 것과 같이 그렇게 말한다. 무슨 까닭인가? 나를 세상 사람들과 다르게 하지 않기 위해서다. 비유하면, 어떤 그릇이 어떤 곳에 있을 때는 건자라 하고, 어떤 곳에서는 발우, 어떤 곳에서는 차류, 어떤 때는 비실다, 어떤 때는 바사나, 어떤 때는 살뢰라고 하는 것과 같다. 그들이 아는 것과 같이 나 또한 그렇게 말한다. 이와 같이 나는 세간에 있는 세간 법을 스스로 알고 스스로 깨달아 사람들을 위해 분별하고 연설해 나타내 보인다."

부처님께서 만약 부처님 경지대로 이야기했다면 우리는 아무도 그 뜻을 이해하지 못했을 것이다. 우리의 근기에 맞추어 세간 사람들의 언어를 쓰신 덕분에 알아들을 수 있는 것이다.

상담자도 마찬가지다. 부처님이 비유하신 바와 마찬가지로 그릇이 그 장소나 쓰임새에 따라 이름이 달라지듯, 상담자도 내담자에 맞추어 언어를 구사한다. 때로는 따뜻하고 부드럽게 말하고, 때로는 단호하고 엄한 어조로 말한다. 고매하고 품격 있는 언어를 구사하기도 하고, "쪽 팔리게" 같은 상소리를 하기도 한다. 사이버 상담을 할 때는 다음과 같이 독특한 문자를 쓰기도 한다.

ØΓ쉬움더 없@ㅣ 무딘 ㅅㅏㄹ占인 척 ㅁ1련없@ㅣ 보じ ㅐ놓ㄱ
ㄴr= ㄴØχЁㅁБ큼 ㄱ통들더 웃음뒤O-IJ 숨ㄱㅋ 놓았Ю

ㅗ깟 ㄴØɤᴇ따r우1 뜨ㄱ난건 ㄴr ㅅㅏ= 동Øㅍ

ㄱㅏ굼 걸릐= ㅎㄴ낱 열병ㅂ뿐

ㅎ占っつ리 했던 날 들더 곧 흥ㅌㄱ아ㅣㄴr 없@1

Øㄱ무= ㄱㅏㅂ丰운 ㅿᴃㅊㄱ ㅈㅏ國@1ㅈ1ㅁᴃ

청소년들이 즐겨 쓰는 사이버식 문자다. 맨 윗줄만 번역(?)을 해보면, '아쉬움 더 없이 무딘 사람인 척 미련 없이 보내놓고'이다.

이렇게 하는 이유는, 부처님 말씀처럼 "세상 사람들과 다르게 하지 않기 위해서다." 내담자의 언어를 써야 내담자와 함께 할 수 있기 때문이다.

뒷간에서 나와 다시 뒷간으로 들어가려 하느냐?

상담소에 찾아오는 사람을 '내담자'라고 한다. 대부분 어떤 문제가 있어서 그것을 해결하기 위해 찾아온다. 자신에게 어려움이 있는 경우도 있고, 외부 상황이 힘들어 고통 받기도 한다. 어쨌든 뭔가 불편하고 삶에 적응하기기 힘든 것은 사실이다.

그런데 상담을 통해서 변화시킬 수 있는 것은 세상도 아니요, 남편이나 가족이나 이웃 등 남이 아니다. 자기 스스로다. 그러나 내담자들 가운데는 "상담을 통해 문제 있는 남편을 고치게 해 달라", "아이를 바로잡아 달라", "고약한 상사를 바꾸게 해 달라"는 등 불가능한 요구를 하는 사람들이 있다.

그러나 우리는 타인을 변화시킬 수 없다. 우리가 변화시킬 수 있는 것은 우리 스스로일 뿐이다.

상담 초기에 이러한 점을 내담자에게 강조한다. 그렇지 않고서는 상담이 공회전을 하고 만다. 다른 사람이 변해야 내가 행복해진다고 믿는 내담자는 자신을 바라보기보다는 남에게 초점을 맞추기 때문이다. 그러다 보면 상담은 제 역할을 하지 못하고, 남의 흉을 보거나 하소연하는 단계서 머무르고 만다. 물론 상담 초기에야 이런 과정도 거쳐야 하지만, 주가 되어서는 안 된다는 말이다.

관계 때문에 힘들어 온 내담자는 초기에는 관계를 힘들게 한 상대방을 비판하는 데 주력한다. 그러다가 힘겹게 내담자에게 초점을 맞추고 난 다음에 어떻게 해야 관계가 좋아질 수 있겠는가를 물으면 뜻밖에도 "나는 변화시키고 싶지 않다"고 말한다. 자신은 변화할 필요가 없다고 한다. "괘씸한 것은 상대방인데 왜 내가 바뀌어야 하느냐, 억울하다"는 것이다.

이럴 때면 머릿속에 떠오르는 경전이 있다.

부처님 제자들이 서로 모여 사소한 일로 다투고 있었다. 그러자 부처님께서 제자들을 불러 타이르셨다.

"너희들은 태어남·늙음·병·죽음과 근심·슬픔·번민·괴로움을 해탈하기 위해서 집을 나온 것이 아니냐?…그런데도 탐하는 생각, 성내는 생각, 해치려는 생각으로 모든 감각 기관을 어지럽히며 지낸다면 이것은 마치 깜깜한 데서 나와 깜깜한 데로 다시 들어가며, 뒷간에서 나왔다가 다시 뒷간으로 들어가는 것과 같고, 피로써 피를 씻는 것과 같으며, 모든 악을 버리고 떠났다가 도로 악을 취하는 것과 같으니라."

〈잡아함경 제10권 272. 책제상경(責諸想經)〉

상담을 하러 찾아오는 내담자도 마찬가지다. 현재의 삶이 괴로워 그것을 벗어나고자 하는 바람에서 상담실을 찾은 것이다. 그럼에도 실제 상담 장면에서는 자신이 변화하기를 두려워하거나 거부

한다. 이는 부처님 말씀처럼 "깜깜한 데서 나와 다시 깜깜한 데로 들어가며, 뒷간에서 나와 다시 뒷간으로 들어가려는 것"과 마찬가지다.

상담자는 자신의 현재의 상태에 머물러 계속 괴로움[苦]만 하소연하려는 내담자에게 그것이 더 좋게 변화되거나 없어질[滅] 수 있음을 확신시키고, 그 괴로움의 원인[集]을 찾아 괴로움을 없애는 방법[道]을 찾아 익히도록 돕는 역할을 해야 한다.

귀신의 정체

　명문 외국어고등학교 1학년에 입학한 여학생이 상담실을 찾아왔다. 가정환경이 좋아 아버지는 대대로 학자 집안이고, 어머니는 재벌의 딸로 외국 유학을 다녀와 외국인 회사에서 중역으로 일하고 있었다.

　이런 가정이면 부모의 기대가 높아 아이한테 공부 더 잘 하라고 압력을 가할 만도 하지만 그렇지 않았다. 공부를 역량껏 하라고 자율권을 주고, 진로도 원하는 분야를 마음껏 선택하게 하였다. 부모가 하는 역할은 아이의 공부에 방해 되는 요소가 없게끔 환경을 조성해 주는 것이었다. 아이가 원하는 과외공부는 뭐든 할 수 있도록 지원해 주었고, 학교나 학원에 가는 시간을 절약하도록 운전사 딸린 자가용까지 대령해 놓았다. 그러니 아이 스스로 공부하고 자기가 선택한 길을 잘 가기만 하면 되었다.

　모든 게 갖추어진 상태, 고민이라곤 전혀 없을 것 같은 완벽한 환경. 그런 이 여학생이 상담실을 찾은 이유는 자기 안에 악마가 있다는 것이었다. 어느 때부터인가 악마가 나타나 나쁜 생각을 하게 하고 나쁜 행동을 하게끔 부추긴다고 했다. 구체적으로 악마가 어떻게 나쁜 짓을 시키더냐고 묻자, 어머니가 아침이면 출근길에 딸을 학교 앞까지 태워다 주고 회사로 가는데, 그런 어머니 차가 출발할 때 뒷모습을 보며 "엄마 차가 사고나 났으면 좋겠다" 하는 못된 생각이 든다는 것이었다. 그런 생각을 하고 나면 죄책감이 생겨 공부에 집중할 수가 없고, 그 때문에 학교 성적이 떨어질까 봐 고민이라고 했다.

여학생이 마음속의 악마를 고백하자 어머니는 천지가 무너지는 것 같은 충격이 들었다. 그래서 악마를 떼어 내기 위해 무속인을 찾아갈까, 아니면 퇴마사를 수소문해 볼까 하다가 딸을 데리고 우선 상담실을 찾아왔다고 했다.

이번에는 고등학교 3학년 남학생의 이야기다. 아버지는 공무원으로 국가의 공복답게 청렴하고 꼿꼿하게 살아온 분이고, 어머니는 중고등학교 교사를 하다가 아들 교육을 뒷바라지하기 위해 전업주부가 되었다.

이 남학생은 고등학교 1, 2학년 때까지 전교 1, 2등을 다투는 수재였다. 외아들에다 학교 성적까지 뛰어나자 부모의 기대가 컸다. 아버지는 아들이 행정고시를 보아서 자신처럼 국가에 이바지하는 공무원이 되기를 원했다. 그리하여 자신이 이루지 못한 최고 위직인 장관이나 차관의 자리에까지 오르기를 은근히 바랐다. 어머니는 아들이 법과대학에 가서 사법고시를 쳐서 정의로운 법관의 길을 가기를 원했다.

부모가 각자 자신이 원하는 바를 강요하지는 않았지만 아들이 최소한 아버지, 어머니가 바라는 것 가운데 하나는 이루어 주리라고 확신했다. 그래서 방학 때마다 빠짐없이 해외 연수를 보내 어학 실력을 다지게 했다. 공무원 월급으로는 무리가 될 만한 투자였다.

그런 아들이 고3이 되자 갑자기 이상한 증세를 보였다. 돌아가신 할아버지 흉내를 내는 것이었다.

"아범, 이제 퇴근하나? 나랏일 하느라 고생 많았지?"

아들은 할아버지가 생전에 했듯 퇴근하는 아버지의 등을 자랑스럽게 쓰다듬으며 가방을 받아들었다. 처음엔 흉내 내는 줄 알았으나, 좀 더 관찰하고 보니 할아버지의 행동 그대로였다. 어떤 때는 아들과 며느리에게 호통을 치기도 하고, 어떤 때는 살아계신 할머니를 부인 대하듯 하기도 했다.

할아버지 귀신이 들었다고 생각한 부모는 그때부터 용하다는 점집과 무당집을 찾아다녔다. 굿을 하기도 하고 부적도 받아다 베갯속에 넣어 보았지만 별 차도가 없었다.

첫 번째 예로 든 여학생의 경우, 모든 게 너무 완벽히 갖추어진 것이 문제였다. 그러한 환경에서 뭔가 잘못되면 모든 게 자기 탓이 될 수밖에 없다. 핑계 없는 무덤은 없다고 했는데, 이 여학생의 경우 핑계 댈 구실이 전혀 없었다. 그러니 모든 책임을 온전히 자신이 져야 했다. 그런 상황에서 명문 외고를 갔다. 전국의 영재들이 모인 가운데서 경쟁을 해야 했다. 자신만 잘난 게 아니라 모두

가 잘난 가운데서 하는 경쟁이 버거울 수밖에 없었다.

게다가 부모가 너무 많이 성취해 놓은 것도 문제였다. 이런 부모의 자식을 예전에는 X세대라 했다. X세대란 캐나다의 작가 더글러스 쿠프랜드가 1968년을 전후해서 태어난 신세대를 가리켜 처음 사용한 용어다. 부모가 이룩해 놓은 상태에 이르는 것을 포기한 세대를 일컫는다. 부모가 이룬 것이 별로 없는 자식의 경우 조금만 돋보여도 인정받지만, 성취한 것이 많은 부모의 자식은 부모를 능가해야 인정받는다. 그런데 부모를 능가하기가 쉽지 않다는 것이 문제다. 70점 맞는 사람을 뛰어넘어 80점 맞는 것은 그리 어렵지 않지만, 97점 맞은 사람을 능가해 98점, 99점을 받기란 여간 어려운 일이 아닌 것과 마찬가지다. 더구나 1이나 2 정도 더 성취하는 것만으로는 그 성과가 별로 드러나지 않는다.

너무 많은 걸 갖추고, 너무 높은 목표를 달성해야 하는 이 여학생. 그 부담감이 마음속에 '악마'를 만들어낸 것이었다.

'악마'는 여러 가지 이득을 가져다준다. 나쁜 생각이나 잘못된 것은 악마의 짓으로 떠맡기면 되고, 부진이나 실패도 악마 탓으로 돌리면 되기 때문이다. 즉, 악마는 밖에서 찾아들어온 침입자가 아니라 여학생이 창조해낸 마음의 산물이다.

두 번째로 예를 든 남학생의 경우, 할아버지 귀신이 들기 전 또 다른 변화가 있었다. 고3이 되어 대입 공부에 열중할 시기에 갑자기 입시 공부하는 대신 세계일주를 떠나겠으니 앞으로 들어갈 학비를 당겨서 세계일주 비용으로 대달라고 하였다. 전 세계를 샅샅

이 여행하는 것이 대학 공부보다 인생을 사는 데 훨씬 더 유익한 경험일 거라는 주장이었다. 물론 부모는 일언지하에 아들의 청을 거절했다. 세계일주는 대학 졸업하고도 얼마든지 갈 수 있으니 그때 하고, 지금은 공부에 매진하라며 따끔하게 야단을 쳤다.

할아버지 귀신이 들린 것은 그 이후의 일이었다. 그러면 귀신으로 나타난 할아버지는 그 집안에서 어떤 사람이었을까? 누구도 말을 거역할 수 없는 절대적인 가부장적 존재였다. 그러한 할아버지의 힘을 빌려 자신이 원하는 바를 이루고 싶은 무의식적 소망이 할아버지 귀신을 마음속에서 만들어낸 것이었다. 부모는 아들의 세계일주 여행 소망과 할아버지 귀신의 연관성을 상담을 한 뒤에야 알아차렸다.

우리는 납득하기 어려운 일이 일어나면 그 원인을 제대로 파악하기보다 외부의 힘을 빌려 해결하고자 시도한다. 초자연적이거나 절대적인 힘이 있다고 믿고 타력으로 풀고자 하는 것이다. 이에 대해 부처님은 어떻게 보셨을까?

외도들이 부처님을 찾아와 아뢰었다.
"모든 삼명(三明) 바라문은 갖가지 도를 말하면서 그 모든 도는 다 범천으로 향하는 것이라고 합니다. 비유하면, 시골의 모든 길은 다 성으로 향하는 것과 같습니다. 모든 바라문들이 비록 갖가지 도를 말하지만 그것은 다 범천으로 향하는 것입니다."
"그 삼명 바라문 중에 단 한 사람이라도 범천을 본 자가 있는가?"

"본 사람이 없습니다."

"본 자가 없는데 어떻게 모든 도가 범천으로 향한다고 말하는가? 범천을 보지 못했다면 마땅히 삼명 바라문의 말은 진실이 아니라는 것을 알 수 있다."

〈장아함경 제16권 7. 삼명경(三明經)〉

이렇게 부처님은 보지 못하고 증명할 수 없는 것을 논하는 것에 대해 부정하셨다. 또한 그러한 존재의 힘을 빌리는 것에 대해서도 고개를 흔드셨다.

어느 때 가미니(伽彌尼)라는 천신의 아들이 부처님께 여쭈었다.

"세존께서는 법의 주인이시니, 원하옵건대 중생으로 하여금 목숨을 마치거든 좋은 곳에 이르게 하거나 천상에 나게 해 주십시오."

세존께서 말씀하셨다.

"가미니여, 네 생각에는 어떠하냐? 만일 마을에 살고 있는 어떤 남녀가 게을러서 정진하지 않고 도리어 악한 법을 행하여, 열 가지 착하지 못한 업도(不善業道)인 생물을 죽이고, 주지 않는 것을 취하며, 삿된 음행을 하고, 거짓말을 하며, 나아가 삿된 견해에 이르기까지를 성취했다고 하자. 그들이 목숨을 마칠 때 만일 여러 사람이 와서 저마다 합장하고 그들을 향해 칭찬하고 찬탄하며 축원했다고 해서 그 인연으로 목숨이 끝난 뒤에 좋은 곳에 가게 되거나 천상에 태어날 수 있겠느냐?"

가미니가 대답하였다.

"아닙니다, 세존이시여."

세존께서 찬탄하시며 말씀하셨다.

"훌륭하다. 가미니여, 악한 법을 행한 사람을 향해 저마다 합장하고 칭찬하고 찬탄하여 축원했다고 해서 그 인연으로 목숨이 끝난 뒤에 좋은 곳에 이르거나 천상에 태어날 수는 없는 일이다. 가미니여, 그것은 마치 깊은 못에 아주 무거운 돌을 던져 넣은 다음 여러 사람이 와서 합장하고 칭찬하고 찬탄하며 축원하면서 '제발 돌아, 물 위로 떠올라다오' 하는 것과 같다. 이와 같이 가미니여, 착하지 못한 업을 지으면 악한 과보가 있어 저절로 밑으로 내려가 반드시 악한 곳에 이르게 되기 때문이니라."

〈중아함경 제3권 17.가미니경(伽彌尼經)〉

악마나 귀신도 인간의 마음이 만들어낸 산물이다. 그것을 실재하는 존재로 보아 퇴마사나 부적을 동원하여 쫓아내려는 것은 있지도 않고 보지도 못한 범천을 논하는 외도들과 다름없는 일이다. 또한 물속에 가라앉은 돌을 기원과 축원으로 떠오르라고 하는 것과 매한가지다.

외부의 힘에 의존하기보다 마음부터 제대로 살피는 게 심리상담을 통한 치유의 첫걸음이다.

나찰의 법문

    불교상담을 연구하다 보니 일반 불자들을 대상으로 불교상담에 관해 강의할 기회가 많다. 수강자들은 불교와 상담에 관한 어떤 이론보다 경전에 나타난 상담사례를 예로 들 때 가장 흥미로워한다. 부처님께서 하신 교화 사례가 어찌도 그렇게 현대를 살아가는 우리들에게 하시는 말씀처럼 꼭 들어맞느냐며 무릎을 치는 사람도 있다. 2500여 년 전에 이미 무궁무진한 방편으로 당시 사람들을 교화하고 상담하신 부처님 얘기를 듣다 보면 신심이 저절로 깊어지고 신명이 난다는 분도 있다.

    초기에는 이렇게 수강생들이 호의적인 반응을 보여 주면 보람이 느껴졌다. 그런데 어느 순간부터 정체를 알 수 없는 부담감에 죄책감까지 생겨났다. 강의를 반복할수록 먹구름 같은 근심, 걱정, 꼬집을 수 없는 불안이 밀려들었다.

    이 알 수 없는 감정의 정체가 무엇일까? 곰곰이 생각하다가 문득 실체를 잡을 수 있었다. 그것은 내가 강의에서 하고 있는 말이 '너무도 훌륭한' 내용이기 때문이었다. 상담에서 내담자의 마음을 잘 알아주기, 판단하지 않고 있는 그대로 수용하기, 내담자를 부처님처럼 존중하기, 내담자가 변화하지 않는다고 실망하거나 절망하지 않고 꿋꿋이 버티어 내기, 상담자가 내담자의 모델링이 되어 주기, 상담을 하는 불자로서 남들보다 좀 더 모범적으로 잘 살아가기 등등 너무도 옳은 말들을 하고 있기 때문이었다. 근심, 불안의 근원이 바로 이것이었다. 강의를 반복하는 동안 나도 모르게 스스로에게 다음과 같이 묻고 있었다.

　'나는 내가 말하는 것 가운데 얼마만큼이나 지키고 있는가?'
　'이런 말들을 스스로는 과연 지키겠다는 의지를 갖고서 하는 것인가?'
　'지키지도 못하고 겉만 번지르르하게 입으로만 말하고 있는 것 아닌가?'

　이런 자문(自問)을 하다 보니 저절로 마음이 무거워졌던 것이다. 그러면서 부처님 전생담에 자주 등장하는 나찰의 법문이 생각났다.

　　부처님이 보살 시절 인욕을 닦고 있을 때였다.
　　어느 날 얼굴이 흉하게 생긴 나찰이 배가 고파 헛소리를 하고 있었다. 그러나 그의 입에서 나오는 말은 진리의 말씀이었다.
　　"세상엔 변하지 않은 것은 하나도 없다…. 그러므로 무상하다."
　　혼자 중얼거리던 나찰이 말을 멈추었다.
　　보살은 다음 말을 듣고 싶어 나찰에게 법문을 계속해 주기를 청했다. 그러자 나찰은 자신은 배가 고파서 더 이상 말을 할 기력이 없다고 대답했다. 보살은 법문을 다 말해주면 자신의 몸을 바칠 테니 나머지 구절을 들려달라고 다시 청했다.

나찰은 법문을 계속하고, 법문을 다 들은 보살은 자신의 몸을 나찰의 먹이로 바쳤다. 그때 나찰은 본 모습인 부처의 모습으로 화하면서 보살에게 미래세에 석가모니 부처가 될 거라고 수기를 내려주었다.

평소 이 이야기를 들을 때면 진리를 알기 위해 생명까지 아낌없이 버렸던 부처님의 열렬한 구도 정신에 초점을 맞추곤 했다. 그러나 강의를 다니는 동안 걱정에 휩싸이면서부터는 내가 바로 그 나찰이 아닌가 하는 자책감이 자꾸 들었다. 자신이 무슨 말을 하는지도 모르는 채 배고픔에만 매달려 중얼거리는 나찰. 말은 옳은 소리지만 자신은 전혀 그것을 지키지 않고 다른 사람에게만 지키라고 요구하는 나찰, 내가 바로 그 나찰이 아닌가 하는 반성이었다.

한편으로는, 나찰의 헛소리가 부처님 전생 시절의 보살에게 진리에 대한 목마름을 축여 주었듯이, 내가 하는 헛소리가 가끔은 누군가에게 감로 역할을 할지도 모른다며 자위한다. 또한 내가 얼떨결에 하는 훌륭한 말 가운데 우선 한두 개라도 제대로 지키자며 스스로를 다독인다. 이렇게 하면 나찰의 단계를 조금이라도 넘어설 수 있을까 기대하면서…. 이 작은 그릇의 한계 내에서나마.

한 번 해병은 영원한 해병

부처님이 말씀하신 고(苦) 가운데 가장 마음에 와 닿는 괴로움이 애별리고(愛別離苦)다. 이 단어만 대하면 가슴이 저리고 코끝이 시큰해진다. 사랑하는 존재와 헤어지는 아픔만큼 괴로운 것이 또 어디 있으랴.

"세존이시여, 저는 지금 온몸이 풀리고 천지가 뒤바뀌어 어찌할 바를 모르겠나이다. 춘다 사미가 제게 와서 말하기를, '존자 사리불은 이미 열반하여 남은 사리와 가사와 발우를 가지고 왔다'고 하였나이다."

사리불 존자의 열반 소식을 들은 아난다 존자가 부처님께 아뢴 말이다.〈잡아함경 제24권 638.순타경(純陀經)〉에 나온다.
아난다 존자 같이 높은 경지에 있는 수행자도 도반의 죽음에 이토록 애통해 하는 걸 보면 오늘날의 평범한 불자가 사랑하는 사람과 헤어지며 슬퍼하는 것은 당연한 일일 것이다.

246

상담을 종결할 때, 상담자와 내담자 모두 애별리고를 겪는다. 상담을 통해 뜻 깊은 경험을 함께 나눈 사람들로서 당연한 결과다. 상담자는 어린 자녀를 세상에 내보내는 어머니 같이 안쓰러우면서도 조심스러운 마음이 되고, 내담자 역시 부모 곁을 떠나 먼 길을 홀로 떠나는 자식처럼, 설레면서도 비장한 마음이 된다. 그러면서 그동안 함께 해온 시간과 친밀해진 관계를 마무리하는데 대한 아쉬움과 미련을 느낀다.

이러한 이별을 견디지 못해 내담자를 떠나보내지 못하는 상담자도 있다. 이는 심리적으로 건강하지 못한 부모가 자식의 독립을 인정하지 못하는 것과 매한가지다. 그러면 그동안 해온 상담이 제 효과를 발휘하지 못한다. 내담자가 부모 또는 다른 권위자에 대한 의존이나 집착을 상담자한테로 옮긴 것일 뿐이다.

내담자 스스로가 떠나지 못하는 경우도 있다. 그러면 상담자는 내담자가 홀로 설 수 있도록, 무소의 뿔처럼 세상에 당당히 나갈 수 있도록 심리적 힘을 길러 주어야 한다.

상담을 종결할 단계가 되었을 때 어떻게 종결하는 것이 바람직할까? 우선은 서서히 종결해야 한다. 종결 몇 회기 전에 내담자에게 종결할 시기가 되어 감을 알려주고 마음의 준비를 할 수 있게 해주는 것이 좋다. 또한 앞으로 발생할 수 있는 어려움을 함께 예상해 보고 어떻게 대처하는 것이 바람직할지 논의하는 것이 좋다.

상담관계가 끝나갈 무렵, 그동안 상담자와 심리적인 친구가 된 내담자는 상담자에게 사적인 관심을 갖기도 한다. 상담자에게 살고 있는 동네나 집, 가족관계, 세상사에 대한 개인적인 견해 등 여러 가지 사적인 질문을 한다. 그리고 상담관계가 종결되고 난 뒤에는 일상적으로 친밀한 지인 관계로 전환하여 사적인 교제를 계속해 가기를 원하기도 한다.

그러나 인간중심 상담의 주창자인 칼 로저스는 "치료적인 기초 위에서 상담을 종료하는 것이 현명하다"고 말하면서 내담자가 상담 종결 후 사적인 관계를 원하면 다음과 같이 말하는 것이 바람직하다고 예를 제시했다.

"우리가 친구가 된다면 00님의 문제에 대해 의논할 수가 없습니다. 만약 앞으로도 제가 도움이 되어 드릴 수 있으려면, 언제든지 제가 필요하실 때 도움을 드리기 위해서는, 제가 여기 상담소에 그냥 머물러 있는 게 더 좋을 것 같습니다."

상담자 윤리 강령에 가족이나 친구, 연인 등 가까운 사람에게는 상담을 하지 말라고 되어 있다. 이중관계가 되어 상담에 역효과가 일어날 수 있기 때문이다. 처음에는 상담자와 내담자로 만났다 하더라도 나중에 친구나 이성관계가 되고 나면 다시 상담관계를 맺을 수 없게 된다. 그렇게 되면 내담자였던 사람이 다시 상담자를 필요로 할 때 다시 찾을 수 없는 것이다.

"오늘 나는 친한 후배를 하나 잃었습니다" 하는 문구가 나오는 광고가 있었다. 싸워서 헤어지거나 멀리 떠난 것이 아니라 두 사람이 연인 관계로 바뀜으로써 후배가 아니라 연인이 되었다는 것을 역설적으로 표현한 것이었다.

상담자와 내담자의 관계도 이와 비슷하다. 친구나 이성 관계로 전환되면 내담자로서는 '상담자를 잃는' 셈이다. 그러므로 로저스는 상담자의 자격으로 계속 남아서 내담자가 힘들 때면 언제든 찾아올 수 있도록 해주는 것이 좋다고 한 것이다. 해병대 출신들이 "한 번 해병은 영원한 해병"이라는 말을 즐겨 쓰듯이 상담자들도 "한 번 상담자는 영원한 상담자"라는 말을 쓸 수도 있겠다.

사랑하는 존재와 헤어지는 것은 틀림없이 괴로움이지만, 그 괴로움을 견뎌내는 것도 성숙의 한 과정임을 상담 종결을 통해서 경험하게 하는 것이다.

부처님께서는 사리불 존자의 열반을 슬퍼하는 아난다에게 어떻게 말씀하셨을까?

"근심하거나 괴로워하지 마라. 무슨 까닭인가? 앉거나 일어나거나 혹은 하는 일은 다함이 있는 무너지는 법이니, 어떻게 무너지지 않겠는가. 아무리 무너지지 않게 하려 하여도 그리 될 수 없는 것이다. 내가 전에 이미 말한 것처럼, 사랑하고 생각하는 일체의 갖가지 물건과 뜻에 맞는 일은 다 어기고 떠나는 법으로서 언제나 보존할 수는 없는 것이니라."

그리고 이어서 말씀하셨다.

"아난다여, 알아야 한다. 여래도 오래되지 않아 떠나가고 말 것이다. 그러므로 아난다여, 마땅히 스스로 피난처가 되어 스스로 의지하고, 법을 피난처로 삼아 법을 의지하고, 다른 것을 피난처로 삼지 말고 다른 것을 의지하지 마라."

상담 종결 시 내담자를 떠나보낼 때도 부처님 같은 마음으로 보내야 할 것이다. 내담자 스스로를 의지할 수 있게 하고, 상담 시 배운 바를 피난처로 삼아 현실을 살아가게끔…. 그러나 내담자가 더 힘든 일이 생기면 다시 돌아올 수 있도록 상담자로 굳건히 남아 주는 것도 상담자의 또 다른 전문가적 태도라 할 수 있다.

그대 옆의 귀인(貴人)

외국의 유명한 심리상담가 콜시니의 고백이다.

뉴욕의 교도소에서 심리학자로 근무할 때 재소자를 상담하였다. 30대 초반의 매력적인 남자 재소자가 찾아왔다.

"선생님, 저는 목요일에 가석방됩니다. 선생님의 지난번 상담에 감사의 말씀을 꼭 드리고 싶었습니다. 선생님 덕분에 저는 세상이 달라 보였어요. 마치 새 사람이 된 것 같았지요. 그래서 저는 교도소에 있는 고등학교에 들어가서 졸업장도 받고, 기술도 배웠어요. 이제 저는 성공적인 인생을 살게 될 것으로 믿어요. 제 인생을 바꾸어 주신 데 대해 감사드립니다."

이 정도의 감명적인 상담이었다면 기억이 날 만하건만 콜시니는 그 사람을 상담해준 기억이 나지 않아 서류를 뒤져보았다. 그러나 2년 전 그에게 IQ 검사를 해준 기록밖에 없었다.

"제가 상담한 게 맞습니까?"

콜시니가 묻자 그는 확신에 차서 대답했다.

"선생님이 틀림없어요. 제 인생을 바꾸어 놓은 선생님의 말씀을 결코 잊지 않을 것입니다."

"그게 뭐였지요?"

"선생님은 제 IQ가 높다고 말씀하셨어요."

특별한 상담이론을 적용하거나 오랜 기간 정성을 기울인 상담이 아니었다. 단지 심리검사를 한 다음 그 결과를 말해 주었을 뿐인데, 그것이 재소자에게 영향을 미쳐 인생 전체를 바꾼 것이었다. 아마도 그 재소자는 평소 자신은 능력도 없고 다른 여건도 좋지 않다는 비관적인 자기상을 가지고 있었을 것이다. 그런데 IQ 결과가 좋게 나오자 희망을 발견하고 그것이 변화의 원동력이 돼 새 사람이 되게끔 해준 것 같다.

이 이야기는 심리상담의 정의 또는 역할을 논할 때 극히 예외적인 사례로 거론되곤 한다. 어찌 되었든 콜시니라는 상담가와 만남을 통해 그 재소자의 인생이 좋은 방향으로 바뀌었다는 점에서 콜시니는 그에게 '귀인(貴人)'임에 틀림없다.

점이나 사주를 보는 사람들이 자주 하는 말이 "어느 방향에 가면 귀인을 만난다", "어느 때가 되면 귀인이 나타나서 도와준다"는 것이다. 이런 말을 들은 사람들은 막연한 희망으로 자신을 무조건적으로 도와줄 귀인을 기다리곤 한다.

세계적으로 퍼진 전형적 동화에도 이런 귀인이 등장한다. 재투성이 아가씨 신데렐라에게는 요정이 나타나서 궁전무도회에 참가할 수 있는 옷과 마차를 제공하고, 콩쥐에게는 두꺼비와 선녀가 나타나서 물 긷는 것을 도와주고 밭을 매준다. 그뿐만 아니라 신데렐라에게는 결혼을 통해 단번에 신분 상승을 시켜주는 왕자가 귀인이며, 콩쥐에게도 고을 사또가 귀인이다.

이런 귀인에 대한 바람은 현대의 영화나 드라마에도 자주 등장한다. 그들은 힘들게 살아온 평민이나 서민을 일거에 귀족, 상류층으로 신분 상승을 시켜줘 보는 이들의 못 다한 소망을 대리 충족시켜 주곤 한다. 이런 이야기들이 인생이란 운만 좋으면 단방에 역전되는 것이란 헛된 꿈을 부풀려 놓기도 한다.

그러나 좀 더 자세히 들여다보면 귀인은 그냥 찾아오지 않는다. 준비가 되어 있는 사람, 준비해 가고 있는 사람, 또는 귀인을 만난 뒤 스스로 변화해 나갈 의지가 있는 사람에게 나타난다. 준비가 되어 있지 않은 사람은 귀인이 찾아와도 알아보지 못하고, 귀인을 만나고도 변화 의지를 갖지 않는 사람은 귀한 기회를 놓칠 수도 있다.

불경을 읽을 때마다 느끼는 것이 부처님은 만나는 모든 사람에게 귀인이었다는 점이다. 만나는 사람마다 감동시켜 깨달음에 이르게 하는 부처님이야말로 진정한 귀인이다. 게다가 부처님은 세상의 위없는 스승이라 해서 가만히 앉아서 사람을 맞이하지 않았다. 가르침이 필요한 사람이 있으면 타심지(他心智)로 알아차려 일부러 찾아가 교설하기도 하고, 길 가다가 우연히 만난 사람에게 먼저 다가가서 말을 건네어 부처님 법으로 이끌기도 했다.

수많은 사례 중에 부처님과 제자가 매우 극적으로 만난 이야기가 있어 소개한다. <중아함경 162.분별육계경(分別六界經)>에 나오는 장면이다.

　부처님이 마갈타국을 유행하면서 왕사성의 어느 질그릇 만드는 집
에 가서 질그릇 굽는 방에서 묵게 되었다. 그때 먼저 와서 방에 묵고
있는 비구(존자 불가라사리)가 있어 양해를 구하고 함께 머물렀다.
부처님이 밤이 새도록 가부좌하고 선정에 드는 동안 그 비구도 선정
에 들었다. 이를 기특하게 생각한 부처님이 비구에게 물었다.

　"비구여, 그대의 스승은 누구인가? 그대는 누구를 의지해 출가하
여 도를 배우며 누구에게 법을 받았는가?"

　비구가 대답했다.

　"현자여, 사문 구담이라는 석가 종족의 아들이 있습니다. 그분은
지극한 믿음으로 출가해 도를 배워 위없는 정진각(正盡覺)을 얻었습
니다. 그분이 제 스승입니다."

　"비구여, 스승을 뵌 일이 있는가?"

　"뵙지 못했습니다."

　"만일 스승을 뵌다면 알아보겠는가?"

　"알아보지 못할 것입니다. 그러나 현자여, 나는 그분이 세존·여래
·무소착·등정각·명행성위·선서·세간해·무상사·도법어·천인사·
불중우로 호칭된다고 들었습니다. 그 분이 제 스승입니다. 저는 그분
을 의지해 출가하여 법을 받았습니다."

　부처님은 자신을 의지해 출가해 법을 받은 그를 위해 설법하기로
마음먹었다.

　"비구여, 내가 그대를 위해 설법해 주리라. 이 법은 처음도 좋고
중간도 좋으며 마지막도 또한 좋다. 뜻도 있고 문체도 있으며 청정함
을 구족하였고 범행을 나타낸다. 이른바 육계를 분별하는 것이니 마

땅히 자세히 듣고 잘 기억하라."

부처님이 설법을 마치자 비구는 티끌을 여의고 법안(法眼)이 생겼다. 비구는 자리에서 일어나 부처님의 발에 예배드리고 아뢰었다.

"세존이시여, 저는 잘못을 뉘우칩니다. 미련하고 미친 사람처럼 좋은 밭을 알아보지 못했습니다. 스스로 깨달아 알 수가 없었습니다."

자신과 같은 방에 묵고 있는 나그네가 꿈에도 그리던 스승, 위없는 깨달음을 이룬 부처님이란 사실을 아는 순간 그 비구의 마음은 어떠했을까?

그때 그 비구의 감격이 오늘 그대로 느껴지는 듯하다. 그 나그네, 자상한 설법으로 법안을 얻게 해준 부처님이야말로 비구에게는 말 그대로 귀한 사람, 귀인이었을 것이다.

여기서 간과할 수 없는 대목이 있다. 비구가 밤새도록 선정에 드는 모습을 보고서 부처님이 비구를 위해 설법할 마음을 내셨다는 점이다. 비구는 귀인을 맞을 준비가 되어 있었고, 그것을 안 부처님이 귀인으로서 본 면목을 드러내신 것이다.

삶에서 처처물물이 부처라고 한다. 그러나 만처만물에 깃들어 있는 부처님을 알아보기란 쉽지 않다. 마음이 준비되어 있어야 하고 알아볼 눈이 있어야 한다. 그런 눈과 마음을 갖추면 바로 내옆에 부처님이 와 계신 것을 어느 날 문득 알아차릴 수 있을지도 모른다. 불가라사리 비구가 질그릇 만드는 방에서 부처님을 만났을 때처럼 감격스럽게.